ZL 模式

民企提效共赢制胜之道

林向东 著

电子工业出版社
Publishing House of Electronics Industry
北京·BEIJING

内 容 简 介

管理已成为众多民企发展的瓶颈，管理短板的缺陷日显，笔者试图以此为切入点，全面地从科学管理体制、机制、模式、系统角度进行了民企现状分析。明确指出老板信守共赢理念、推行精细化管理已成为决定企业兴衰的关键。提出含全工序、全要素计划，全体系、全过程提升管理的模式框架；其中体现并强调民企必须用多劳多得激励员工、用提效增收分红激励骨干，以彻底释放生产力潜能的思想提出了组织管理、精益运营、精益生产、异常管控、绩效考核一体化模式，是民企实现"谋对、做对、控对"最优路径。民企管理模式与管理系统的关键痛点往往是：如何实现使系统完整、全程贯通、管理精细、控制精准、效率倍增、降本增收，此本书给出了全面与重点两套系统解决方案可供选择。希望本书对促成民企转型升级、快速融入数字经济能有所帮助。

未经许可，不得以任何方式复制或抄袭本书之部分或全部内容。
版权所有，侵权必究。

图书在版编目（CIP）数据

ZL 模式：民企提效共赢制胜之道 / 林向东著．—北京：电子工业出版社，2021.1
ISBN 978-7-121-37288-9

Ⅰ．①Z… Ⅱ．①林… Ⅲ．①民营企业－企业管理－研究－中国 Ⅳ．①F279.245

中国版本图书馆 CIP 数据核字（2019）第 179428 号

责任编辑： 祁玉芹
印　　刷： 中国电影出版社印刷厂
装　　订： 中国电影出版社印刷厂
出版发行： 电子工业出版社
　　　　　北京市海淀区万寿路 173 信箱　邮编：100036
开　　本：787×1092　1/16　印张：11.25　字数：267 千字
版　　次：2021 年 1 月第 1 版
印　　次：2021 年 1 月第 1 次印刷
定　　价：35.00 元

凡所购买电子工业出版社图书有缺损问题，请向购买书店调换。若书店售缺，请与本社发行部联系，联系及邮购电话：(010) 88254888，88258888。
质量投诉请发邮件至 zlts@phei.com.cn，盗版侵权举报请发邮件至 dbqq@phei.com.cn。
本书咨询联系方式：qiyuqin@phei.com.cn。

序

　　林向东先生是一位潜心于企业管理实践研究的资深管理专家。他专注于将企业管理实践进行理论升华，在实践与理论循环中探索已达数十年。他以其对民企痛点，他从理论高度总结和诠释了民企管理实践中普遍存在的瓶颈问题及其系统性解决方案，即如何提效共赢、如何向管理要效益、如何实现可持续发展等问题有独到的真知灼见。该书主要介绍了林先生经过多年的实践探索，总结并提炼形成的一套 ZL 管理模式，其中包括 3 大规律、5 条主线、4 个流与 6 条链的 3 纵 4 横系统，以及企业运营的"业"字型机制、提升管理绩效的 7 个维度和 20 个系统框架。如果民企管理者能将本书融会贯通，将有助于快速构建本企业高效的管理体系，将其固化并不断优化，会进一步实现企业的自我价值和社会价值。更重要的是使企业自身能在市场经济中主动适应环境变化、生成自我成长的基因，实现健康可持续发展，从而使企业基业长青。

　　本人与林向东先生认识多年。在他担任汕头大学 MBA 校外导师时，林先生能将自己多年的实践经验总结提炼形成一套独具特色的理论体系，是与其在企业管理领域多年的摸爬滚打分不开的。他曾任北京一家著名大型国企的总装厂厂长、生产处副处长，并担任过著名上市公司民企高管，创办过管理咨询公司，具有 22 年大型国企生产管理和 23 年民企高管及管理咨询的实战经验。林先生在 20 世纪 80 年代曾主持开发计算机生产管理信息系统，首创国内汽车总装流水线多品种混流生产的按节拍、按工位，实现作业计划管理及物料配送模式；实现了总装配线控制系统与管理微机联网；开启了大型加工装配型企业管理信息系统的开发与应用，获得"北京市科技进步三等奖"和"新技术应用二等奖"等荣誉。他擅长生产型企业管理系统的构建与开发，能有效解决离散型产品生产中拆结构、排工艺、定工时、定工价等关键性问题，进而定制全工序各种管理报表，实现工厂整体精准的计划与物流管控。这套精细化管理方法使大多数民企实现"周期减半、产量提升、占用减半、利润大增"的效果。林先生还曾配合企业在已实现生产设备自动化集成的环境下，与制造资源计划（MRPⅡ）实现数据共享，使生产型企业的制造过程执行控制系统（MES）真正落地。他提出的在生产工序中使人、机、料、法、环按计划同步运行的精益管理模式，为现场 5S 管理注入科学引擎，能显著提高生产效率；他用全工序作业计划揭示并利用其与物流的内在逻辑关系，从根本上提高了现场管理功效。林先生独创的组织业务链→产品工艺链→系统计划链→物流控制链→资源管理链→投入产出链管理模式，运用其中的投入产出链搭建企业的运营管理平台，利于实现股东利润最大化、合伙人共赢机制、员工高工效高收入，进而可使企业进入到可持续的良性循环发展。林先生的这些管理模式，对于目前民企在成本升高、利润下滑的困境中，实施转型升级具有很高的实用价值，能加快制造型民企管理提升水平，缩小与西方的差距。这是一整套助力民企实现国家2025发展规划的管理利器，它对于在"去杠杆、调结构"中谋发展的传统制造型民企，具有极高的咨询价值与系统定制管理向导。

  本人相信该书的出版首先有助于广大民企高管团队打开降本增效、转型升级、优化模式、定制系统的思路；其次有助于丰富精细化管理、生产运营管理、信息系统与信息资源管理等相关理论的学术研究和 MBA 教学；最后可作为国内在校管理专业的广大同学了解民企管理现状、探索正确发展方向及实现民企克服自身的缺陷，进入良性发展的路径具有重要参考价值。

欧阳峰

汕头大学商学院教授

2019 年 5 月

前　言

中国广大民企正处于国内宏观经济面临全新机遇与挑战的交汇点，面临新一轮传统领域、传统企业、传统动能退潮调整与新兴领域、新兴企业、新兴动能潜滋暗长启动下新一轮涨潮的前夜。30多年来，曾经使无数民企蓬勃创建、高速发展、获得成功与辉煌的粗放管理方式，早就埋下了耗竭动能、透支未来的陷阱，如今已为大多数民企造成效益低下与产能过剩并存的困境。正因为众多民企从未重视、从未认真对待、从未狠抓过自身管理，才导致了今天企业发展的困境，要彻底打破这一瓶颈，向管理要效益不得不提上议事日程。

是坐以待毙，还是转型升级？在这个不得不做出抉择的历史性时刻，中国广大民企应该从理论高度重新审视以往走过的漫漫长路。回味其中的酸甜苦辣咸，感悟艰难与辉煌背后的逻辑与规律，快速、全方位地重构企业管理基础，以最短的时间添补企业自身管理存在的各种短板。只有这样，才能彻底解决如因劳产率低下所导致的成本高效益差等一系列制约企业发展的根本性问题，才能有效实现转型升级，才能使现代企业制度与现代信息智能科技发展形成的前沿管理手段真正融合，走上良性循环的健康发展道路。

"管理出效益"虽然早已路人皆知，但90%以上民企似乎都还没有在应有的高度、广度、深度上认识到这一问题，大多数企业还处于徘徊和困境中而不能自拔，那么向管理求生存要效益，已到了非抓不可紧要关头。

目前大多数第一代生产型民企的创业老板已上年纪，而创业者的二代不愿接班已成为普遍现象。这不仅因为滚热的金融市场吸引力巨大，更是因为制造业的民企往往越干越难。

（1）盈利难：人工与材料成本不断升高，而销售价格却只降难升。

（2）招工难："90后""00后"热衷追新不像父辈愿意在工厂打工。

（3）没干劲：受到金融、地产、电商等业态的诱惑，只想赚快钱。

（4）管理难：生产管理往往看似简单甚至枯燥，但生产本质要涉及产品物质形态以至基本内涵的重大变化。一旦深入就会发现要管理到位、管理出效益，比其他业态的管理难度大的多得多。

然而工业化生产是国民经济的根本，即使金融大亨索罗斯都认为实业是根。美国正在重振制造业，德国工业4.0和日本先进的制造业都一直在持续发力、精进。他们都明白实物产品是人类生存的必需品，发展物质产品生产是人类福祉的源泉。

我国正在继续深入推进的宏观经济体制改革，必然要落实在微观层面上。这就需要同时对企业管理开展一场全面、深入的从实践到理论、从理论到实践的梳理与创新。这是因为中国广大中小企业承载着80%就业人口，其中大量民企已成为强弩之末，在近乎亏损的边缘挣扎，难以实现自身发展的愿景与使命，并且承担起社会责任。

企业面临的市场变化越来越剧烈，竞争压力越来越大；现今消费者已非常理性，需求标准不断提高；厂家感到使消费者满意越来越难，越来越觉得生意难做利润难保；电商的兴起给生产型民企和实体店带来巨大冲击，其不确定性如雪上加霜。问题究竟出在哪里？通过长期对国企与民企生产运营管理的实践总结，笔者归纳如下。

（1）多数民企在白手起家时底子薄、时间紧、缺经验、少人才，但商机多。一直把精力和资源聚焦在产品销售与开发上忽略了其他，特别是依靠科学系统的管理手段提升效益，改善经营和优化团队。

（2）部分企业老板虽然到过先进企业学习取经，接触到精益生产、ERP、阿米巴……但还是没有掌握精髓。也尝试过某些管理模式，但还是最终没有嫁接成功，难以发挥应有的管理效果。

（3）众多民企在产品、营销、资金、设备、技术、厂房、土地、人才、管理这9项经营要素中，管理往往是最短的那块板，成为制约其他要素正常发挥作用的瓶颈因素。

（4）许多民企至今还没有意识到"抓管理提效益"已成为决定其生死存亡的关键。

（5）由于企业管理无法外包，它不仅必须管理供、产、销和人、财、物，还包括利益机制与制度建设，即管理民企内部的生产关系。

（6）众多民企管理效益上不去的原因在于，不能有效地调动起全员生产积极性和骨干团队综合管理的能动性，而调动积极性的前提在于必须能使全员实现共赢。

（7）未形成科学的考核分配制度，大多企业老板还不愿对贡献突出骨干成员给予应有奖励，导致无法使全员齐心协力实现降本增效，确保企业去实现最佳效益。

（8）许多民企还没形成一整套适合自身的科学管理模式和灵活有效的运行管理手段，无法保障企业去实现高效的投入产出，以获取应有的经济效益。

笔者经多年实践与探索，总结形成一整套适用广大民企的ZL管理模式，即3大规律、5条主线、4个流与6条链、3纵4横系统、业字型运营机制、异常管控、攻坚克难、提升绩效的7个维度、20个系统组成。

用ZL模式一定能帮助民企快速构建高效的管理体系，用定制系统将其固化适时优化，以适应行业科技进步，助力广大民企不断满足人民日益增长的物质和文化生活需求，使企业生长出在市场环境中健康成长的基因，促进企业基业长青。

近23年来，笔者从事的是"企业内部管理机制、管理模式、管理系统建设工程"，这项工程与大工业和市场紧密相联，中国的历史与现状决定了中国传统制造业在这两个方面还处于发展阶段，短时间内要认清中国传统制造型企业发展特性与规律并非易事。而这一套 ZL 模式有助于进一步提高在民企管理的效能，促使中国传统民企实现产能升级模式起死回生，大有裨益。

中国民企已不缺管理理念，只缺能帮企业实现高效运营获取最佳效益的中国式精益管理模式与实施利器，特别是全工序全要素精益生产管理模式。

衷心寄语：

民企一定要遵循市场规律，靠共赢机制调动全员积极性，靠管理加速实现降本增效。

生产性价比高的产品，提高员工收入满足市场需求，实现发展愿景，推进富民强国。

学习好的企业的工匠精神，追求卓越绩效，淘汰落后产能，实现转型升级奔向2025。

谨以此书献给虽处困境，仍豪情满怀，雄心未泯，迎难而进，再展宏图的中国民营企业家和企业管理团队！

"天行健，君子以自强不息；地势坤，君子以厚德载物。"共勉！

作　者
2019 年 5 月于广东

目 录

第 1 部分 23 年来对民企的感悟 ·· 1

1.1 民企现状令人堪忧 ··· 1
- 例 1：迟疑徘徊，必失先机。·· 1
- 例 2：盲目跟风，难得正果。·· 5
- 例 3：推行多年，只欠通道。·· 7
- 例 4：科技与管理不应偏倚。·· 9
- 例 5：连续换班，何为依据。·· 10
- 例 6：细节决定成败。··· 10

1.2 总结 ·· 13
1.3 民企痛点 ··· 14
1.4 消除痛点 ··· 19
1.5 民企缺乏什么 ··· 24
1.6 民企路在何方 ··· 28

第 2 部分 分享 ZL 管理模式 ··· 31

2.1 企业利益主体与需求 ··· 31
2.2 民企管理重点所在 ··· 33
2.3 何为企业管理 ··· 37
2.4 企业管理使命 ··· 38
2.5 ZL 管理模式 ·· 39
2.6 4 个流与 6 条链 ·· 46

2.7　3纵4横系统 48
2.8　业字型运营机制 57
2.9　异常管控 61
2.10　攻坚克难 63
2.11　抓管理7个维度 66
2.12　20个系统框架 68
2.13　民企如何才能快速发展 72
  2.13.1　必须建立共赢机制 72
  2.13.2　必须建立管理体系 73
2.14　民企如何实现快速发展 75
  2.14.1　必须实施精细精益管理 75
  2.14.2　实施精细精益管理环节 76
  2.14.3　必须采用投入产出模式 81
  2.14.4　必须实施全工序计划 84
  2.14.5　必须实施全工序计件 85
  2.14.6　必须抓好全工序投入 86
  2.14.7　必须抓好精准物流 88
  2.14.8　必须抓好组织绩效 89
  2.14.9　确保落地关键 89
  2.14.10　精细精益管理意义 90
2.15　最重要的两个管理系统 91
  2.15.1　"生产现场精益管理系统"概述 91
  2.15.2　"投入产出运营管理系统"概述 95
2.16　运营管理系统模式设计 100
  2.16.1　基础设置 100
  2.16.2　人事管理 105
  2.16.3　编制计划 105
  2.16.4　销售订单 107
  2.16.5　计划物控 108
  2.16.6　执行统计 109

目录

- 2.16.7 统计分析 ... 110
- 2.16.8 应收应付 ... 112
- 2.16.9 现金流表 ... 112
- 2.16.10 异常管控 ... 113
- 2.17 投入产出盈亏平衡法案例 ... 115
- 2.18 两个系统与 ERP 区别 ... 121

第 3 部分 回顾以往，分享借鉴 ... 123

- 3.1 连续创新 ... 123
- 3.2 多机看管 ... 124
- 3.3 17 天翻番 ... 125
- 3.4 自动配货 ... 127
- 3.5 又一翻番 ... 127
- 3.6 三者互动 ... 128
- 3.7 创新运用 ... 128
- 3.8 厚积薄发 ... 130
- 3.9 蓄势而发 ... 131
- 3.10 用好 Excel ... 132
- 3.11 实践检验 ... 133
- 3.12 模式创新 ... 134
- 3.13 "投入产出模式"应运而生 ... 134
- 3.14 如何用好 ERP ... 137
- 3.15 对管理的感悟 ... 138
- 3.16 计件制如何落地 ... 139
- 3.17 有关改善案例 ... 144

第 4 部分 展望未来期待共赢 ... 146

- 4.1 中国 2025 ... 146
- 4.2 智能制造中管理逻辑 ... 146

4.3 民企一定要共赢 ·········· 148
4.4 展望民企前景 ·········· 149
4.5 寻找合作伙伴 ·········· 150
 4.5.1 笔者团队 ·········· 150
 4.5.2 期待伯乐 ·········· 151
 4.5.3 寻找投资 ·········· 152
 4.5.4 启动事业 ·········· 152
 4.5.5 联手共赢 ·········· 152
 4.5.6 美好愿景 ·········· 153

附录 A "管理金三角系统"设计方案 ·········· 154

A.1 简介 ·········· 154
A.2 事业平台（组织管理系统） ·········· 155
 A.2.1 平台功能 ·········· 155
 A.2.2 互动分享 ·········· 157
A.3 经营平台（投入产出系统） ·········· 158
 A.3.1 平台功能 ·········· 159
 A.3.2 互动分享 ·········· 160
A.4 管理平台（运行管理系统） ·········· 161
 A.4.1 平台功能 ·········· 162
 A.4.2 互动分享 ·········· 164
A.5 考核平台（绩效管理系统） ·········· 164
 A.5.1 平台功能 ·········· 165
 A.5.2 互动分享 ·········· 166

后记 感恩 ·········· 168

第1部分

◇ 23 年来对民企的感悟

1.1 民企现状令人堪忧

就目前来说我国民企的总体状况是管理都非常薄弱，我们不妨列举出有代表性的 6 家民企所存在的现状及问题，不仅能反映出行业状况，而且又具有普遍性。这 6 家企业的规模业绩在行业内还都名列前茅，其中有 4 家在潮汕、1 家在东莞、1 家在北京。如果这 6 家企业能够提高管理水平，建立全员共赢机制，其产销总量和利润至少能翻一番。

当前民企首先要解决的问题是降本增效，才可具备转型升级条件，而管理落后已成为降本增效的瓶颈。"不识庐山真面目，只缘身在此山中"，管理的长期落后已使民企高层和骨干麻木于落后状态而习以为常，犹如温水煮青蛙，一旦感觉到危险，再想行动为时已晚。

例 1：迟疑徘徊，必失先机。

笔者团队曾在 2017 年 5 月～2018 年 7 月为一家民用设备民企做咨询项目，目标是提升劳产率、降本增效、效益翻番、转型升级、业内保持领先地位。

这家企业年产值约 2.6 亿元、人均月产值 3.6 万、流动资金 1.2 亿、利率 30%、全年盈利约 7 800 万。这确实是一家不错的企业，很有发展潜力。可是，企业老板在 2018 年春节曾对笔者说："我们去年只接了 60%的订单，其他的由于担心做不出来没敢接"。显然，企业可提升空间非常大。既然有这么大的空间为什么不敢接单呢？

主要问题：一是没有全工序作业计划，造成工时大量流失，成为导致一系列问题的根源；二是采用计时及加班工资制效率很低，出错频繁且重复率很高；三是生产周期长，交期无法控制；四是材料库存量大且积压很普遍；五是在制品量大且呆滞品占比高，造成企业流动资金占用量非常大。

我们在一次电话会议上得知，企业的工时定额每月人均都在 4 000～5 000 小时这几乎是民企普遍存在的现象。比每月实有 200 工时超出 20 多倍，这种工时虚涨现象会使生产时间的计量单位发生扭曲，会掺入大量虚假无效工时，其后果必然导致大量工时流失，即产能损失，生产成本怎么能不高呢？我们不妨来分析一下：

（1）每月每人工时定额在 4 000～5 000 小时，而且高出部分对应的工时奖励也会高。

（2）每个小时的工时按 20 分钟计算，即按 1/3 小时统计。

（3）每个小时的工时单价仅为 4～5 元。

从 200 小时虚涨到 5 000 小时已脱离常规计时标准，用放大的计时标准已无法排出有效计划，必须"换算"。如按 4 元/小时，单班全月工资=25 天×8 小时×4 元=800 元。工人一定会认为"工时单价太低"，无法调动生产积极性，导致各方都会认为现实的劳产率水平很正常。严重后果是虚涨工时得到很低的小时工资，人们会认为已对等合理了。如按每小时被虚涨 20 倍的工时来计算，单班全月工资=25 天×8 小时×4 元×20 倍=16 000 元。这样一个工人每月可拿到 16 000 元，企业老板肯定会说："这高得太离谱了！"

企业老板会让管理人员想办法做到"合理"，于是就会有人建议将 1 小时按 20 分钟算（据企业内部反应生产缺料等因素大致要占去 40 分钟），于是单班全月工资=25 天×8 小时×4 元×20 倍×（1/3）=5 333 元，这样一来老板看了会认为比较合理。

不难看出工时虚涨是关键，"工时虚涨"（4 000～5 000 小时/月/人）+"统计缩水"（每小时按 20 分钟计算）+"单价缩水"（4 元/小时），构成三重虚假错位的叠加，这种既不实用又混乱的计时工资制实在是百害而无一利。

这种混乱状况说明企业老板虽然都希望简单，但在关系到劳产率和成本的工时问题上却接受了工厂管理层的复杂化，而大量问题恰好又被掩盖了（虚涨工时，一叶障目），最严重的是"多劳多得"这个最有效的激励机制被彻底"阉割"。

假使按这样搞"计件"（如汕头某企业），即虚涨工时+缩水工时+缩水单价+员工消极工作+低劳产率+长周期，必然=低产量+高成本，这不仅"阉割"了财富的"源泉"，还掩盖了生产现场中的所有问题！

我们为企业开发了"现场精益管理系统"，该系统从产品拆结构、定工艺、定工序、定工时，到编制机台作业计划、工序计件计划，可实现数据共享，可支持企业实现"周期减半、占用减半、产量翻番、利润翻番"的目标，助力企业全面提升以利转型升级。

我们可以从定制的"现场精益管理系统"的"订单作业计划"模块实施数据中得出重要结论，即几乎所有民用机械生产民企（1 000 家企业、每年约 300 亿市场份额）都有实现上述目标的可能性，同时优胜劣汰，实现供给侧改革，促进产业结构调整。

笔者所接触到的国内民用机械生产 10 来家民企，规模或业绩均在业内名列前茅（不缺单），正是因为没有贯穿全工序的"机台作业计划"，所以导致了大量的工时流失，设备产能只发挥出 50%左右。可见，广大民企如能实现对工序作业的精益管理，全员劳产率即可大幅度提升。不用增加投资就能扩大现有产量规模，向实现产业集约化迈进，并能有效利用社会资源，使成本大幅度下降，使社会财富总量翻一番，实现利国利民。

民企普遍在工时利用、人工费、材料费、资金占用与消耗上的浪费惊人，在市场竞争日益激烈，今天这一问题必须引起企业老板和管理层的警觉。

该企业在工厂主管项目负责人认为，要全面推行"现场精益管理系统"在致还需要几年时间，他对笔者说："因为我们已用友 U8 成本核算系统用了 4 年，结果物料编码还出现重复的失误，要想上这套系统至少也得需要 4 年"。他还说："要组织人员统一物料编码也需要几年"。并且对笔者提出的采用投入产出运营管理模式重新梳理 2017 年各项费用数据的建议也同样认为"方法很好，很认同，不过至少要花 4 年时间"。

如果真按这位项目负责人所说 3 项改善举措加起来要用 12 年，中国民用设备制造业整个行业的前途岌岌可危。这也恰好印证了笔者一直在讲的一个观点，即中国的人均劳产率仅为日本的 1/8！

究其原因企业老板对笔者说："你们这样做没错，但工作量实在太大，必须一个一个来。"接着又反问笔者："你们搞到现在效果在哪？我怎么还没看着啊？"（项目已过半年）笔者回答："必须通过执行作业计划才能显出效果，上系统是一把手工程您得亲抓啊。"

每当我们谈到落实具体事项时企业老板就不作声了，事实上对此项目这位老板一直在口头上说很想见效果，但一直处于对我方的解决方案及流程不闻不问、不信不听状态，从未认真抓过落实，更没有定期检查项目内容落实情况。

这家企业的领导和骨干全是清一色工程技术人员，他们对领导力、执行力体验不深（前 15 年是在国企环境中发展起来的设计开发团队），因此普遍存在"因果断路"和"知行脱节"的反常规现象。只想要结果不愿打基础，只想要效果不愿花气力，只想见效快不愿抓紧干，甚至认为你讲得好那你来干呀（忘记了足球队员绝不会让教练替自己上场比赛），国企变民企+技术型领导思维模式是这家企业的主要基因。

这家企业与一家 IT 公司合伙代理国外 MES（Manufacturing Execution System，制造执行系统）已有几年。笔者问那位项目负责人："你们 IT 团队为何不自己开发生产管理系统？"他回答："这是件费力不讨好的事，像你们这样努力到现在效果又如何呢？"可见，他知道改变制造型企业的生产管理落后现状是在啃硬骨头。

这让笔者想起北大管理工程系一位教授说过的一句话："SAP（System Applications and Products，企业管理解决方案软件提供商）的计划都没有做到工序"。"SAP 计划只做到班组"。笔者明白了，现场管理的诸多复杂和困难因素是 ERP（Enterprise Resource Planning，企业资源计划）大公司不愿做工序计划的根本原因，由此造成了广大民企生产管理系统一直处于"自由状态"。虽然这里蕴藏着企业劳动力的巨大红利，但谁都不愿去挖掘它，因为实在太麻烦。

我们在这家企业一年多的项目推进中，项目小组十几位同事都有切身体会，即对方管理层的不理解、不配合、设阻、拖延、不信任、不尊重、不重视。可笔者还是抱有很大的信心，认为他们是学工科的，应该能够理解管理的作用和重要性，会醒悟过来的。可事实让人大失所望。

人们的习惯与任性决定了工序计划难做更难推行，这就把劳动力的红利裹上了铁甲。我们必须用科学方法加上智慧剥开它做出成功案例，对生产现场先实现精细化管理再求精益。

中国制造业的落后不仅表现在技术上更体现在管理上。中国民企所面临的这一现状必须改变，不能这样下去了。

尤其在项目推进过程中，企业项目负责人要我们"切断设备组装结构件与下级自制件（机加零件）的数据关联"，当我方劝说无效不得不按其要求处置后，机加部的管理人员在上计划模块时（有 10 000 余种规格零件），抱怨说"每种件都要手工下单太麻烦了"。而问题正是"因果分离"，是人的主观意识割断产品结构工艺流程的必然结果。

另外，针对上万种零件中常用的 1 000 余种，我们专门开发了"预投自动下单模块"。但是该企业不按流程及时投入运行，从而造成成本可按最低库存自动下单的功能失效，只能继续靠手工下单，忙得车间管理直抱怨，说上与不上系统没区别。

遗憾的是每个员工都只图自己方便省事，不愿先费事换来众人长期省事，即不愿做这 1 000 余种零件的各项基础数据和盘点库存。再加上切断了机加零件与组装的数据连接，就造成机加部只能按单逐个零件下计划这种少、慢、差、费的后果（本可由设备组装计划模块自动带出或由最低库存模块自动生成每种零件的投产计划）。

我方在现场的项目小组于 2017 年 12 月用投入产出模式帮助模具部结算出盈利 200 万元，按规定公司应给该部经理提 20%作为分红。当我方人员向甲方项目负责人提交核算报表后他回复说"费用数据给错了。"在重新核算后我方计算得出盈利过百万元，提交结果后他还是说我方计算有误最后只奖励这位经理几万元（同往年一样）。

这件事反映出企业老板愿不愿意共赢和计算共赢模式两个关键性问题，前者是各方利益机制，后者是管理模式作用也不容忽视。

可是这件事的最终结果是，由于部门经理看不到能多劳多得，利润目标奖励机制不能落实，因此也不相信我方讲的能够创造共赢，不愿接受我方提出的精益管理模式。并且在 2018 年的第 1 季度，对项目组推行现场作业计划时处处设卡。在此情况下，导致企业老板误认为管理软件没有效果，也就更加不重视了。

其实我方在 2017 年第 4 季度实施模具部计划计件系统中，已通过计划排期和每天的数据统计证明了通过软件排产缩短周期的成效显著（简单冲模整套生产周期从 15 天缩短至 7 天，复杂的从 30 天缩短至 13 天）。但是在严格按作业计划执行这个关键问题上，生产经理、副经理及两名统计员不愿意引导员工执行计划，依旧各行其是。当我方人员试图在现场说服员工时，都会遇到阻力无法奏效。

当我们在电话会议上提出以上问题时，模具部经理大声说："董事长，如果公司要求我们执行软件安排的计划，就下正式红头文件！"这位老板没有表态。

我们想帮企业推行激励机制遇到高层阻碍，想帮生产缩短周期多接订单受到管理人员的阻碍，这使得我们感到困惑和无奈！

以上问题已充分证明：企业高层不懂也不重视管理是致命的。

该项目虽然后来签订了合同并上报市、区两级科技局，但自始至终都没有能够取得甲方提出过任何一份项目需求文件。笔者驻厂 60 余天，编写了"调研报告""问题分析""建议方案""模式设计""会议纪要"，以及"每天工作纪要"（持续 92 天）等数万字文件，但没有一份得到对方高层的正式意见签署回复。只是在几次会议或培训会上企业老板及项目负责人在发言中表示对项目的肯定和支持，还正式采用了我方提供的"公司组织架构设计方案"，并且召开董事及高管会议，研究调整天津工厂的组织领导分工。

我们作为乙方始终本着真诚和负责的态度开展了一年多的各项相关工作，投入了大量人力、时间与费用。但由于甲方高层有用友 U8 项目的经历（财务核算用 4 年才可运行）和对管理缺乏正确理解，最终导致该项目事倍功半。可企业老板为什么会这么纠结呢？

纠其原因：

（1）想多赚钱，但"该赚没赚到"，殊不知这正是由于不懂管理未发现工时黑洞。

（2）即使发现漏洞，也不相信有多严重。这么多年都这么过来了，感觉无关紧要。

（3）即使看到了是员工没有积极性造成的低效与浪费，也不相信有办法能解决。

（4）即使认为有了好办法能提效增产，又不情愿让员工多劳多得导致继续低效。

（5）即使解决了所有问题，还是不想上现场精益管理系统，担心会泄露家底。

凡此种种，反映出许多企业老板还没有搞明白大工业是社会分工协作的共生机制，还不具备全方位运用好社会资源为社会创造价值的同时实现自我价值的眼界与胸怀，说到底还不是一位真正的企业家。

企业老板如何才能从小老板转变为企业家？如果中国数百万企业老板总是停留在现实这样少、慢、差、费的运营管理水平上，百年老店如何打造？

如果企业老板既不懂管理，又不重视管理，企业迟早会被竞争对手赶超而转盛为衰。正如上述这家企业今天还是排在前 3 位的业内龙头，早晚一定会被同行竞争对手超越。

"快鱼吃慢鱼"已成为不争的严酷现实！

例2：盲目跟风，难得正果。

时下，许多企业的老板都在苦恼生意越来越难做，那么究竟难在何处？

（1）确保产品有销路，并且能拿到订单。

（2）即使能拿到订单，由于价格低，成本高，所以赚钱很难。

（3）因为生产周期长、交期不准确，所以客户抱怨、压价、撤单、索赔。

如果我们有办法能够做到让生产周期减半、在制减半、产量翻番、利润翻番，彻底消除拿单难、交单难，老板一定会说："哪有这样好的事？说得轻巧，不可能办得到的。"

企业的老板都在四处寻找着化解"接单难、提效难"的妙方，正逢有人向国内企业推荐日本管理大师稻盛和夫的"阿米巴"模式，企业老板如获至宝。立即组织员工学习推行，对此都寄予了厚望。

可是"阿米巴"模式并非救世良药，公司推行该模式虽然失败了，但是学到了新的理念和计算成本利润的方法，这对公司推行年终利润超额奖正用得上。究其原因"阿米巴"模式没有成功的原因是公司的基础数据跟不上，这一问题一直没有得到解决。

我们不妨来认真分析一下关于"阿米巴"模式：

1. 阿米巴模式的要义

（1）引导全员参与经营成本管控，推动企业实现降本增效。

（2）为各项流程划定核算单位，分解产品费用及利润指标。

（3）推动各核算单位节省费用、杜绝浪费，使利润增加。
（4）让核算单位对照实现利润所应发生的费用算出差额。
（5）让核算单位有权抉择上游产品是否比外购更为有利。

2. 阿米巴模式的作用

（1）将企业降本增效指标全面分解，归入各项流程的过程中。
（2）划分供产销各个阶段，以费用作为参数来分解利润指标。
（3）按天组织核算单位，统计出实现利润及应发生的费用。
（4）对核算单位降低或超出费用，进行确认、评价、发布。
（5）以此形成降本增效的运营机制，激励人人参与使全员共赢。

3. 阿米巴模式的难点

（1）将两大指标在各个流程中分解，这在国内企业很难操作。
（2）按费用划分各阶段利润指标，容易陷入迷茫或苦乐不均。
（3）两国企业文化的差异，会造成员工的行为结果大相径庭。
（4）每天统计计算工作量很大，会加重一线管理工作的负荷。

总之难就难在文化不同、指标难分解、数据难统计这3个方面。

很明显，任何管理模式如与企业实际不能相应，在关键环节上将无法操作。即使其他企业用得好，到另一企业也不一定能收到成效。

这位生产木门的企业老板告诉笔者，现在市场上很多小公司在打价格战，你根本就没法事先定价。因此也无法分解费用和利润指标，只好先来花大力赶快抓好销售，想办法稳住市场份额。

该企业有80%的最先进设备是近几年来从欧洲进口的，品牌在国内同类产品市场上也曾叱咤风云，取得过骄人业绩。但是企业员工的积极性一直没有被充分调动起来，生产效率总是不能提高，厂内物流长期处于混乱状态。接单后总不能按期交货，产品经常出现错、反、缺、漏、色差等问题，企业老板感到越做越累。

为解决这些问题，企业老板为核心骨干采取分配福利房，引进接单排产软件和金蝶财务软件，引进"阿米巴"模式，但都收效甚微。

无奈之下，企业老板再次动员骨干齐心协力，按"阿米巴"模式公司确定全年利润目标，只要年终能超额完成利润目标就给大家分奖金，就看整个团队能不能把业绩搞上去。

很明显，企业老板确实提出了全年公司的盈利目标，并表明了超额奖励的态度，但仍没有找到解决过程中各种问题的有效办法。

其实要上述问题首先要确定目标，再跟上责权利奖惩机制与过程管控方法。过程一定要有方式方法来管控，管控点不能缺项、不能虚假、不能放任、不能误判，而这就必须依靠管理模式与相关计算机软件系统来支撑才能得以实现，只有这样责权利机制才可以落实，目标实现才有保障。

具体做法如下。

(1) 合理设定公司全年利润目标，按现有条件努力可以达成。
(2) 明确制定对员工的奖励指标要求，使团队能够预判结果。
(3) 采用投入产出模式，具体分解、实施全年各项经营指标。
(4) 采用现场管理模式，保障计划、计件、在制能精准运行。
(5) 采用物流管理模式，保障采购、限额发料、超领可受控。
(6) 采用组织绩效模式，保障组织及岗位各负其责做好本职。
(7) 狠抓每天所发生的异常，追根溯源解决问题，健全制度。

如能采用以上7项措施可以殊途同归，达到"阿米巴"模式的效果。

对于以上7项内容的逻辑关系可以概况为：前两项意在调动骨干团队的积极性，使大家看到希望，人人都会努力先实现公司利润目标，再争取超额利润分红；第（3）项采用投入产出模式形成运营平台做预算统计决算，为企业老板和骨干团队提供了共商目标、共定计划、共管过程的共赢模式；第（4）项采用现场管理模式，将全厂的工序作业、投料、设备、计件、辅具、在制用机台作业计划串联起来，以达到精准和高效；第（5）项是采用物流管控模式，按投料计划、采购按库存期量标准与实际库存对比算出采购计划，确保投料计划及物流数据贯通且准确；第（6）项是采用组织绩效模式，让每个岗位各司其职，各负其责，使大家协调一致落实任务，对存在的问题在责任人解决的同时进行考核；第（7）项是采取狠抓异常，将每天发生的各种问题全都收录起来，从异常中找根源、查漏洞、定措施，不断提高效率并完善制度。

以上7项中包括投入产出模式、现场精益管理模式、物流管控模式、组织绩效模式、异常强治模式。这5个重要的管理模式就构成了企业精细精益管理的完整模式，这是中国生产型企业制胜的法宝。

概括起来说，精细精益管理模式形成如下相互关联的5条管控主线的完整管理体系。

(1) 可为企业高层提供制定、分解、落实各项指标的预算管理模式。
(2) 可使现场生产工序中的设备、用工、投料、辅具、在制有了统一作业时间指令。
(3) 可实现从计划→采购→入库→投料→超领的物控管理。
(4) 可实现对所有部门岗位在生产运营中的任务、问题、排解、结果做出考核评价。
(5) 可实现对每天发生的异常采取追踪，有利于完全暴露问题，从而追根溯源、彻底消除，抓反复、反复抓，提升全员的素养，健全各项管理制度。

显然，如果生产型企业没有一个完整的管理体系而依靠简单盲目地跟风，则很难让骨干团队及广大员工积极投入到提效和增收中来的。

例3：推行多年，只欠通道。

汕头有位企业老板，多年来一直致力于加强内部管理模式的创建与推行。他设计出一套产品事业部模式及经营指标体系，想以此来调动骨干团队的积极性，但一直没有找到可行的落地模式。

笔者对这位企业老板的初心与执着精神很敬佩，但发现他的管理模式及指标体系很繁琐，管理团队在实际推行中不易操作。

虽然这位企业老板请过咨询顾问助推这套多年努力创建的管理模式，让员工都能有责任、指标、舞台、执行、达成、获奖，但是一直未能如愿。

时隔 10 年后一次偶然的机会，笔者与上述这位企业老板重逢畅谈，认为企业管理应由 5 个维度和两个环境体系来构成。

5 个维度具体概括为：

（1）各部门及岗位的责权利标准、考核规则，这是组织设计。
（2）技供产销业务链与组织设计的对接规则，这是业务设计。
（3）技供产销业务链设计与操作的对接规则，这是流程设计。
（4）技供产销业务链设计与数据流对接规则，这是逻辑设计。
（5）技供产销业务链设计与数据流固化规则，这是模式设计。

两个环境体系分别是：

一是国家产业政策对企业的引导与约束力影响行业发展方向；二是中华传统文化对企业的文化理念影响是全员共识的基础。

它们之间的关系如下图示：

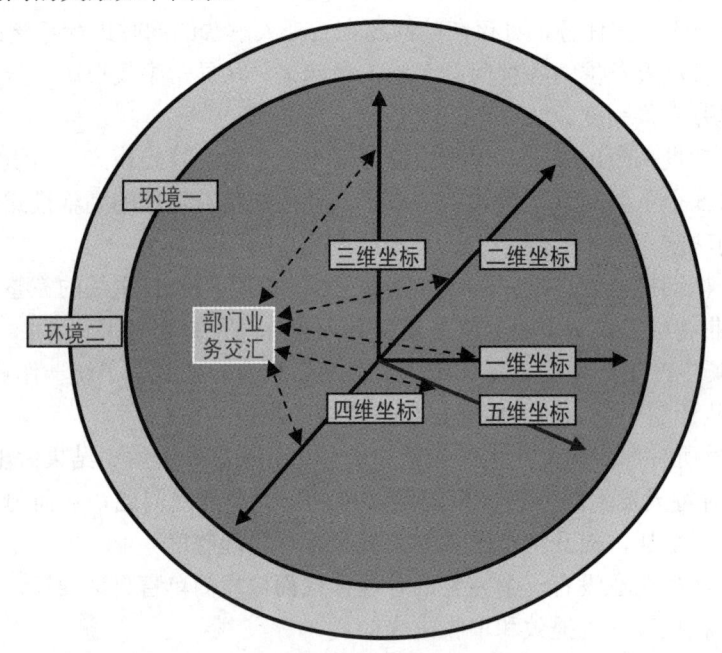

5 个维度（譬如）反映了全部管理内容的相关逻辑，这是管理者必须认真研究和把握的，只抓某个维度难以奏效。关键在于最终还要借助软件实现固化，而软件在主业方面必须按照行业及企业特点进行定制。

操作的关键在于用怎样的具体方式才能够推动管理模式落地？笔者讲述了在一家设备厂用 5 维的理念打造了"现场精益管理系统"，核心就在于建立"全工序作业计划"。重要前提是必须完整地确定工序工时，对员工实行计件工资制。

这种做法的好处是能够大大地节约时间、缩短交期、同比增产、降本增效，可实现周期减半、在制减半、产量翻番、利润翻番。

而完整的工序工时包括准备（转换）、装夹（上料）、机动、拆卸、放件、转运（可并行）这6项用时标准，要按产品逐一健全基础数据。

可先粗后细、先有再精，要对员工开展"只有精益生产、提升效率、降本增效才能创建共赢"的倡导，然后配合开展相关的知识和技能培训。

必须配套"工序投料计划"和"采购计划"以确保生产，可避免迟来、早来、多来、少来、错来物料所造成的等料、积压、错装、浪费。

为了实现精益管理系统笔者向这位企业老板建议。

（1）以"全工序机台作业计划"为抓手，提升效率、缩短交期、提高利润率；一定要用"工序计件模式"调动一线员工的积极性，两者缺一不可；前者管工时可杜绝浪费，后者管积极性才能确保实现。

（2）以"投入产出模式"来实施对骨干团队的激励，使他们愿意为实现公司利润目标和共赢奖励指标努力工作，以求实现双赢。

（3）以产品事业部为各条产品线运营主体来实现公司各项指标的建立、分解、实施、管控、考核，使企业的目标得以落地。

（4）定制开发"投入产出""现场精益管理""物控管理""组织绩效""异常管理"软件系统，真正实现企业老板梦寐以求的管理模式。

例4：科技与管理不应偏倚。

潮汕有一家生产设备的民企，企业老板是业内资深的专家，企业生产的设备中所配套的模具体型大、结构复杂、占设备成本比重较大。为此，企业购置了多台加工中心，其中一台德国进口设备价值高达5 200万元，专为生产设备上的配套模具做系列加工。为了减少不必要的损失企业老板非常关心图纸设计中的防错及数据共享这两项技术专题，他认为如果因设计出错要等到模具或零件做完后才被发现，那就太迟了。尤其是为设备配套的大型模具发生设计错误，导致的后果更为严重。

所以尽管这家企业也存在民用机械厂的共性问题，但企业老板还是强调应解决上述两个专题，他认为因管理落后所导致的效率低、产量低、周期长、成本高等问题还没严重到非解决不可的程度。

但是企业要解决设计工艺自动化的专题，尤其是要攻关设计自动识错技术；同时也要高度重视管理现实存在的问题，并采取措施快速加以解决。这是企业运营中的两个不同范畴，各有其作用和规律，可分别聘请两类业内专家和企业内部专业人员携手攻关。万万不能认为可以等到设计工艺生产自动化技术成熟的那一天管理落后的问题会自然消失，因为这需要时间。就是在这段"等"的时间里，企业一方面通过提升管理降本增效，提高现有盈利水平；另一方面利于扩大市场份额以获取更多的利润；三是可以加大技术方面的投入，加快设计工艺生产自动化的推进速度；四是可以直接引进国外相关的成熟软件技术彻底快速地解决有关问题。

总之，通过抓管理来实现提效、增收、增利即可转而加大投入技术升级的资金，欧派、东鹏、箭牌等企业已经这样做了。

在设计工艺技术方面也需要加强管理，要调动技术人员的积极性。针对设计防错可在现有条件下，依靠人的责任心+工匠精神+管理同样可以解决问题，这在我国科技发展进程中已是屡见不鲜。

衷心希望这位企业老板能够两手同时抓，在现有技术基础上先靠抓管理出效益，提高科技投入特别是应用软件技术投入，以实现管理与技术比翼双飞。

例5：连续换班，何为依据。

笔者在 2015 年曾任某家具厂的总经理，推行了计划、计件、物控管理模式，将车间管理人员的薪资与一线员工计件工资挂钩。

取得的成效为人均劳产率综合提高 92%、一线工人人均工资提高 50%、上半年月均产值与上年同比翻一番、主材定额节省 3.3%、采购总费用下降 8%，库存减少 50%，部分物料实现了零库存。尽管下半年每个月都被严格限产，甚至逐月减产到基本停产，全年总费用仍比上一年减亏 1 278 万余元。

但令人遗憾的是因为该家具厂未做上一年审计，所以改革领导小组推行的这一管理模式还缺乏理解和认同。加上推行者与企业老板未能保持及时有效的沟通，结果导致高层误判，决定换将。

为了进一步寻求解决问题办法该企业曾先后三次进行改革。一是在 2016—2017 年 7 月该家具厂引入台湾省籍管理团队，结果产量下降 40%，亏损回到原状。原因为停止了计件与物控管理模式，不尊重员工并且变更现有产品设计风格。二是 2018 年初该家具厂又引进一支国内托管团队，在半年时间里毫无起色，到 6 月中旬被终止托管。原因为托管团队除了要开发新产品外未采取任何管理举措，使台湾省籍管理团队遗留问题毫无改进，只能终止其托管。

3 年中除 2016 年下半年外该家具厂 3 次更换核心管理团队，由于在计划、计件、物控这 3 个重点管理方面 3 方的理念和方法不同，导致员工积极性、劳产率，以及总产值、总费用成本都相差甚远，企业不堪重负，而放弃改革。

总之，没有科学的生产现场管理模式和组织绩效模式，企业很难招聘到优秀的职业经理，即使能招到也很难对他们做出公正评价并实现双赢。

例6：细节决定成败。

2018 年我们为一家特种印刷民企做管理咨询项目，旨在提升全员劳产率降本增效，通过精细化管理各项举措+定制软件予以实现。这是一家本地知名度很高的企业，属知名企业，前几年在新三板挂牌上市。

项目举措如下：

（1）推行全流程作业计划管理。

（2）推行全流程物控管理。

（3）推行全工序计件管理。

（4）推行接单→下单→排产→投产→完工→出货→应收整个流程的定制软件管理。

经过半年的咨询，虽然多方面的沟通与协调，但是双方在以下方面还是出现了一些分歧，主要表现在：

（1）在推行全流程作业计划管理方面。

车间主任不愿意将离型、凹印、上胶/烘干、复检、分切、包装等各道工序都纳入计划系统管控，更不愿意制定各工序的单位工时定额。理由是周期都很短，没有必要排到工序，只同意对各台凹印机排投产计划。

这样一来，其他各独立工序就要人为分派每班的任务，发挥不出计划系统自动排产的功能。因缺少各道工序的单位工时定额，所以订单在各道工序投入产出无法计算出具体的起止时间。从而导致订单生产周期继续处于人为经验估计状态下，无法通过精细化管理获得缩短周期、增加产量的双重效果。

（2）在推行全流程物控管理方面。

车间主任不愿意接受我们提出的对离型膜（属主材）进行按卷管控的方案，只能继续中断每个订单在生产中实际耗用离型膜用量的数据来源。这使离型膜对每个订单的耗用数量无法按标准实施受控，也就无法测定实际订单的材料超耗量。

车间主任不愿接受我们提出的按月记录各机台实际领用油墨（按桶）所对应订单编号的管理方案，继续保持按月、甚至按半年盘点油墨库存反推耗用量（本末倒置）。造成我们提出的实行对员工按同期可比油墨用量相对节约（以总产量为参数）开展3年（基比）奖励，最后形成定额标准的方案无法实施下去。这本来是一项通过节约材料有奖来激励员工主动关心节约成本的重要举措。可是结果由于主管的人不愿接受而造成难以推行。

工厂管理层也没有采纳我们提出的建立供应商供货批量、供货周期、储备量标准的方案，继续出现采购短线频发的现象，有时会造成对正常生产进度的消极影响。

（3）在推行全工序计件管理方面。

工厂管理层坚持"约定工资制"，不赞同我们推行的工序计件制，致使员工还是按原有的生产效率工作，如果来人催货，则再赶进度，使人工效率继续维持现状（至少有30%的提升空间），最后给公司高层造成了"咨询项目没有看到明显效果"的坏印象。

（4）在推行接单→下单→排产→投产→完工→出货→应收整个流程管理方面。

工厂管理层要求我们将系统设计成后续可以再修改发货数，如客户收到1 000米出货数，但只接收800米，另外200米客户认为不合格。此时，销售业务员与生产车间就要求系统允许按800米修改该订单的发货数。这样处理的后果是一方面为工厂质检及生产质量保障可能存在的漏洞网开一面，掩盖可能存在的问题；另一方面无形中加大了工厂生产成本，这本身就是一种管理自由放任的表现。

工厂管理层要求我们将系统设计成在统计应收业务时，销售人员可选择指定本次客户付款是指哪笔业务。例如，某客户当前欠两笔货款，其中一笔已拖期。此时客户付一笔款，销售人员要求先平掉最近未拖期的这笔账（本人可拿奖金）。这样会造成奖励有失公平。

类似问题还有，在项目之初，笔者坚持工厂一要推行投入产出管理模式，目的在于确保公司利润目标完成的前提下，对指标超额部分可拿出一定比例奖励骨干成员；二要推行员工计件制，用多劳多得激励员工增产双赢；三要推行物控管理模式，对节约的材料金额分3年奖励员工（100%、50%、25%），最终用3年的统计数据形成考核定额（指无法定单位消耗定额的材料）。遗憾的是，企业未能实施我们提出的方案，尤其是高层根本就没有理解和重视投入产出，未发挥出投入产出对运营和激励员工应有的功效，从整体上看企业还没有系统性管理。

总之，如果公司不能在调动员工的积极性以及在细节上做文章，要想实现双赢的局面将是十分困难的。因为企业层并未搞明白。

最终导致的结果就是管理层不愿彻底改进，即实行精细精益管理；而企业老板只要结果不管过程，对应该确定的事项既不想听汇报也不愿做抉择。从而导致员工缺乏积极性，不愿高效地开展工作；管理层也就不想多担责任得过且过，致使企业在市场竞争中业务萎缩、效益下滑、越来越陷入困境。

在潮汕地区像这样的案例很多，大多数企业老板缺乏创建共赢的胸怀和决心，同时缺乏既能激励又能考核团队的管理模式。而管理层普遍缺乏责任感和上进心，不愿接受科学管理与一丝不苟的工作方式，他们认为科学管理会暴露自身存在的问题招来问责，一丝不苟更没必要，他们追求的是不出大事得过且过，这正是企业的悲哀所在。

这个案例不得不让我们做以下深刻的反思。

（1）企业是经济组织，遵从利益驱动规律。为创造各方共赢的局面，企业老板首先要能从内心愿与员工共赢。员工分为一线工人和骨干，一线工人要的是按劳取酬、多劳多得；骨干要的是绩效奖励；实现方式是彻底推行员工计件制和骨干投入产出增效奖励制。如果企业老板能切实推行，共赢定会成功。

（2）在企业运营管理中模式与系统占有重要地位，科学管理必须有管理模式及手段来推行。管理模式根据不同的行业及企业不同的特征，必须用信息化定制开发为软件。只有信息化的软件才能支持实现整个运营中所有数据的设定、执行、统计、计算、分析、发布、共享，才能真正实现管理模式中的各项功能，数据的意义非常重大。

（3）细节决定成败包含两个方面，一是细节的完整性；二是细节的彻底性。就是说该有的细节都不能缺失，该做到的程度都不能打折扣。缺失等于没有，打折扣等于没有做到位，结果还是无法成功。

（4）企业老板必须要能让员工相信共赢，即选择可行的共赢运行管理模式；当管理层和员工相信能共赢且愿意全力以赴投入工作，在共赢的运营管理过程中人人努力、个个担责、创造共赢效益、实现共赢，这是企业想共赢、愿共赢、真共赢的实现逻辑。

（5）咨询的作用在于提供适合企业需要的管理模式和系统，辅导培训每个岗位的员工如何才能实现有效操作，共同努力提效、降本、增利。管理咨询无法代替企业内部各方采取决策和行动，只能导入正确的管理理念、可行方案、辅助实施，担当合作方角色。

1.2 总结

1. 企业老板究竟想要什么

想多赚钱？这无可厚非。但要按等价交换原则，平衡好各方利益，必须真正做到以下方面：

（1）以用户需求为导向，真诚地为用户提供满意的服务，绝不可敷衍了事。

（2）尊重员工，按社会平均劳动力价格标准付给员工薪酬，不要变相克扣。

（3）尊重人才，按专业要求为专业人员提供必要的工作条件，不能走形式。

（4）尊重职业经理，配齐发挥各类专业才干的必要资源，不能搞无米之炊。

（5）以科技为企业的生命，不断改进工艺技术条件，能够更好、更快、更省地做出产品。

（6）一定要实际行动来取得全员共赢，让每位员工都能在实现自身价值的基础上得到相应回报。进而把企业当成家，把工作视为切身利益。这样的员工才能为创造出价值，按合理的利益机制与企业实现双赢。企业能否实现双赢，是目前绝大多数企业老板尚未真正想通更未真正做到的一件根本大事。企业老板要有眼光、有胸怀、有智慧来主导实现全员共赢，并运用科学管理使全员各司其职、各尽其力，全力以赴创造佳绩。

2. 企业老板究竟想怎么做

想要简单？无可厚非。但要遵循自然规律、社会规律、科技规律。人在未看懂事物之前就采取的行动会较烦琐，简捷是人从复杂的现象中找到了规律。大道从简是指武林高手那些看似简单招式，是经过多年历练后才达到的游刃有余。企业老板必须全面分析业务，制定一套科学准确的分工、流程、标准、规则，才能实现简捷高效。

尊重员工首先要尊重其工作方式与结果，再来论其对错优劣，这样才会收到好的效果。

企业各项活动都与科技规律有关，设计、工艺、设备、辅具、材料、操作、工时、质检、返工、合格等都有规律可循，有规范可依。人人都必须遵循客观规律，千万不要做违反规律的事，否则必然会受到规律的惩罚。

3. 企业老板究竟想用什么人

想用听话、能干、薪资又不高的人才？这是人之常情，却违背常理。

（1）做专业的事需要用专业的人才，如果将外行当内行用，最终结果一定事与愿违。

（2）用优秀的人才可做出高水平的事，包括要求标准高、成果质量高、节奏效率高。

（3）用低水平的人成本确实能降低，但到头来要么干不成，要么干不好，结果肯定不会好。

（4）用不同水平的人待遇肯定不同，要善于识才用人，按需选才，使人才发挥出应有的作用。

（5）要用德才兼备的人，一定要具备职业操守。

4. 企业老板究竟怎样看人

凭主观印象是大多数企业老板看人的方式，结果总是双输。

（1）用人首先要定目标、定任务、定标准，不能单凭"你好好干，我不会亏待你"应对员工。

（2）应崇尚契约精神，要保证在用人时已具备完成任务的基本条件。当条件不足时要相应调整目标，切忌事前什么都好说，干起来就不顾条件变化只要结果。

（3）要对事先设定的任务，结合情况变化做出及时调整。要么适当延长期限，要么采取措施补充条件，这样能使人感到公正而努力去达成最好的结果。

（4）必须以数据评估人的工作绩效，即一目标、二条件、三底线、四上线、五可检测、六客观公正看待问题。否则人才就往往被看成庸才，他的所有努力都会变成劳而无功。即使他能创造出一定价值，也会被忽略掉，企业终将无法留住人才。

企业老板掌握着企业的所有资源，掌握着选人和用人权，掌握着经营决策权，决定着企业的方向与命运，正误关乎成败。

1.3 民企痛点

1. 重资轻实

（1）现象。

企业上市搞资本运作理所当然，但很多民企上市后选择了"靠钱生钱"之路，无暇顾及本来就很脆弱的实业如何实现转型升级。任其停滞不前，甚至开始倒退，十分令人惋惜。

（2）后果。

一些企业上市后在资本市场上的影响力确实有所上升，而在主业市场中的排名却一再下滑。销售业绩逐年萎缩，实际总收益同步衰减，从根基上开始动摇以往所建成的"大厦"。

（3）痛点。

因长期战略目标必须保留实业，故只能靠自我"输血"。上市业绩逐年"增长"，使税收逐年攀升亏空同时加大。资金紧缺周期在缩短，资本杠杆变成债台高筑。企业在"靠钱生钱"中博弈，成败就看资金的"出"与"入"哪边跑得速度更快。企业陷入"资金收付循环"的平衡博弈中，已转向"全力确保资金链不断"，而盈利已被降为次要目标无暇顾及。

2. 弃长抓短

（1）现象。

企业上市搞跨界经营无可厚非，但一些民企上市后立即全力转向"轻资产运营"轨道，主动放弃了本企业在业内已经具备的各种领先优势。

（2）后果。

由于这类企业跨界经营的专业知识与经验非常欠缺，因此只能跟风，成败难料。而企业原有的主业却因为任其下滑，已呈现出日渐衰落的颓势。

（3）痛点。

市场占有率较高的自有品牌日落西山，"轻资产运营"的影视或游戏产业成败难料，跨界必然从头开始。缺少成长基因，新业态未必成功，继续做实业未必不能更加成功。但毕竟已转型，只好一赌输赢。

3. 无人好用

（1）现象。

很多企业老板认为企业非常缺乏既称职又忠诚的骨干人才，因此一路走来都只能靠"人才接力"支撑企业运转。

（2）后果。

民企招聘如走马灯，入职者多留住的少。求职者如候鸟，进过不少企业，见过许多企业老板，不像日企那样愿以厂为家。

（3）痛点。

企业老板有再好的思路都因选不到能胜任者而搁置下来，即使上了项目常常因为关键骨干人才中途离职而只能停滞。

4. 不能放权

（1）现象。

当企业逐步做大后，关键岗位上大多还在用家族成员。即使用了职业经理，也要事事上报由老板定。职业经理很难独立发挥作用，导致事业发展无法得到所需人才的有力推动。

（2）后果。

事业受阻、人才受屈，总是处于两者双输的境地，"找不到好伙计"与"找不到好老板"已成为企业的"常态"。

（3）痛点。

真正有才能的人担心老板不放权，不愿加入民企或不能主动开展工作。工作不顺利，想取得一些成绩很难。双向忧虑与不满形成负循环，频繁换人与员工炒老板已成家常便饭。

5. 供大于求

（1）现象。

企业因市场购买力不足致使产品滞销，而顾客又买不到或买不起所需产品。这种"供大于求"很像西方出现过的"牛奶卖不掉倒入大海"，实际是售价高于需方购买力或顾客认为"不值"。

（2）后果。

社会购买力弱与企业开工不足并存，人民群众生活水平较低与企业无法满足人民日益增长的物质文化生活需要并存。这就是我国现阶段社会的基本矛盾，是"求小于供"的矛盾本质所在。

（3）痛点。

企业因为普遍缺单造成开工不足，即所谓"产能过剩"，使企业难以维持运营。社会经济已无法保持较快发展，大众需求也无法得到充分的满足。

注：这里不包括因产业结构比例的不合理。

6. 同质相争

（1）现象。

同行业企业都在生产类似产品，并打价格战。为争夺市场份额不惜削减利润，甚至亏本也卖。

（2）后果。

企业因价格战难以正常经营下去，消费者又因买不到满意产品而无法满足需求，市场出现供求两难的僵局。

（3）痛点。

广大民企因缺少收益而无法更新设备开发新品，由于价格战的恶性循环，使企业生态环境越来越陷入困境。

7. 规模难长

（1）现象。

国内生产某些知名品牌且已初具规模的民企，总想通过引进某种国外的先进管理模式来提高整体效益，从而使企业不断提高集约化的规模效应，达到提升市场占有率的战略目标。

（2）后果。

为引进当前正在流行的管理模式，一些企业投入了大量的人力财力，其结果依旧未能使经营规模发生明显增长。

（3）痛点。

人均劳产率低且产能受限、计划粗放且交期过长、占用大、成本高且利润薄，做大难，做强就更难。国内一些知名品牌民企实在撑不下去了,不得不出售资产转让股权,甚至关门。

8. 盈亏不清

(1)现象。

民企的大多数老板对自己的企业感觉很有底,但好像又拿不到真实的数据。赚钱了没有?赚多少?赚在哪了?实际还是不清不楚。

(2)后果。

想投资买设备时好像资金很紧缺,想要奖励员工时好像效益又不实,股东要分红时好像又没赚到那么多的利润,因此非常为难。

(3)痛点。

企业老板无法预测经营结果,掌控不住资金用在哪里。并且无法真实算清成本,总认为所得税肯定多交了,赚到的钱肯定少了。

9. 处处受阻

(1)现象。

拿单难,融资难。采购难,生产难。合格难,交货难,盈利更难。

(2)后果。

越来越难,难上加难。找人承包还是赚不到钱,规模小难以长大。

(3)痛点。

有人没单,有单没人。做也不是,不做更不行。如履薄冰,一筹莫展。

10. 困境难挨

(1)现象。

一些创业多年的民企尚未跨入"宽裕阶段",经营收入时好时差,导致企业经常出现欠薪,甚至停产的困难局面。供产销资金链会同时出现多处告急的状况,发展举步维艰。

(2)后果。

讨债、躲债、欠薪、停产,按住葫芦起了瓢,不堪重负,有些企业只能选择注销。

(3)痛点。

所有民企都渴望闯出一番事业,但总是走不顺经营不起来,缺乏所需资源难以维持。

11. 防不胜防

(1)现象。

企业产品设计人员总会发生这样或那样的图纸设计错误。

(2)后果。

产品在加工过程中会出现要么无法加工,要么做出来无法使用的情况。

（3）痛点。

某个部件因图纸错误造成的损失单独有限，若是一套大型模具做错，则只有在其试产时才能充分暴露出所有存在的问题或缺陷。此时，首先会影响到用户的生产计划安排；其次因模具制造费用很高，修复或重做都会造成很大的经济损失；最后如何纠正设计存在的错误又是一项非常复杂而艰巨的工程。

12. 忽视成套

（1）现象。

目前很多生产型民企陆续引进工业机器人或自动生产线，由于每个工艺阶段所引进的设备产能存在不匹配状况，加上机器人或自动线需要 CAD（Computer Aided Design，计算机辅助设计）-CAM（ComputerAided Manufacturing，计算机辅助制造），要一对一解决方案，但设备引进往往是多家厂商的产品，因此反而使生产配套更难协调。

（2）后果。

因为多数企业存在与机器人或自动生产线或加工中心配套的 CAM 缺失（老板购买设备却忽视了购买与之配套的软件系统），加上设备操作系统无法与 ERP 实现数据共享，所以在变换订单产品品种时必然会增加人为协调的工作量。使先进高效的设备因需要等生产指令而不得不经常停机，造成产能浪费，成本加大。

（3）痛点。

一些企业引进先进设备后，无法正常发挥其连续自动化生产的功效，造成经常性的非正常停机待产，加大了折旧成本，有时还会影响到订单交期，酿成好事引出坏结果的乱象。

13. 无法双赢

（1）现象。

目前国内绝大多数民企都在实行"月休 1 天+每天 12 小时制"和"工班工资制"，员工收入一般在 4 000 元/月左右。生产效率很低，企业普遍认为人工成本太高。

（2）后果。

绝大多数民企员工劳动时间长，但工效很低且收入不高，在还有劳动能力时无法实现住房、养子、看病、养老所需的积累，导致积极性低且流动性大。

（3）痛点。

对于绝大多数民企来说，尽管员工因得不到预期收入而在不停地换工作，企业却在承受着高成本、低效率、低收益的重负，甚至许多企业正是在这一过程中最终被拖垮倒闭的。

14. 无法分享

（1）现象。

目前国内绝大多数的民企都在提共赢，企业老板对团队骨干讲："我愿意拿出一部分股权给大家,使大家不再是打工者,也是老板。"而骨干们却认为这只是企业老板说说而已,是不可能的事。

(2)后果。

大多数骨干依旧老样子,做一天和尚撞一天钟,业绩平平依旧。也有少数骨干做出了优异成绩,但是却得不到应有的回报。

(3)痛点。

共赢只是在一定场景下企业老板萌发的良好愿望,甚至是一厢情愿,而如何实现落地却没有一套全面切实可行的办法。到头来团队骨干的积极性依旧调动不起来,企业的经营业绩依旧上不去,投资者的利润目标也无法真正实现。

15. 无法透明

(1)现象。

投资回报、运营指标、业绩如何、成本高低、贡献大小、达标程度都要用数据说话,数据的真实性要求做到准确透明,但是一些企业老板恰恰不愿、不想、不敢做到这一点。

(2)后果。

上行下效,企业各级负责人及管理效仿企业老板这一特点,为了维护个人或小团体利益,包括掩盖缺点、失职、失误,也不约而同地不愿意让自身及本部门的数据准确透明。

(3)痛点。

这种"不约而同"的现象,是使民企无法实现规范管理、更难将企业做强做大的一个深层次原因。它会从根本上阻碍企业进步,成为一些员工消极行为甚至是渎职行为的保护伞。从而无法形成正气,无法使正能量发挥出应有的功效。

1.4 消除痛点

1. 返璞归真

(1)逻辑。

如果民企都去搞"靠钱生钱"而放弃生产,最终钱只能变成象征性财富,成为没有等价物(产品)可交换的"纸钱"。

(2)警示。

"靠钱生钱"不是印钞机,入不敷出的循环加上缺乏实业自我造血的能力,经营收支平衡终将难以持久会被彻底打破。

(3)本分。

随着改革开放成长起来的上千万家企业,大多是靠产品制造业起家而发展起来的,资本运作可作为辅助发展手段而不是相反。

（4）回归。

物质产品生产是人类不可或缺的生存条件，制造型企业的天职就是生产人民所需要的物质和文化生活资料。放弃实业发展"靠钱生钱"只是在投机，制造型民企绝不可本末倒置，要坚定不移地将实体经济做强、做大，生产出社会所需要的各种产品以实现销售盈利。不断积累增值，不断发展壮大，才是企业生财的主线，富民强国的康庄大道。

2. 固本强基

（1）逻辑。

如果实体企业都去搞轻资产运营，那实物型产品又由谁来生产呢？消费者大多需要购买并使用的主要还是靠实体企业生产出来的有形实物产品。

（2）警示。

如果众多成功的民企放着优势不发挥，而转向轻资产运营，甚至搞跨界经营，如进军虚拟经济或文化娱乐产业，企业的品牌效应能立即支撑起运营吗？在新的业态中跨界就一定能成功吗？这样做只会使企业以往成功的根基开始退化。

（3）本分。

所有已获成功的民企应抓住先机乘势精进，将主业不断拓展、升级、创新，攀登行业高峰。这才符合改革开放的初衷，即发展市场经济用实体经济与科技实现民富国强。

（4）回归。

广大民企应沿着社会主义市场经济轨道锐意进取，同时不断借鉴西方先进企业的发展管理经验，融入形成本企业的科学管理体系；推行现代企业制度，建立科学有效的用人机制，培养德才兼备的各类人才，构建合作共赢的价值链，努力把企业做大做强，为企业长青奠基。

3. 精细精益

（1）逻辑。

如果靠照搬照抄就可以搞好企业管理，就等同用模子铸出来的产品一样，任何人都可复制。事物千差万别，共性寓于个性之中。办企业同样要从具体实际出发，走适合自己的道路。

（2）警示。

任何管理模式都只有通过组织成员落实，才能发挥其应有的作用。绝不是靠简单机械的引进就能自然成功。

（3）本分。

企业老板必须从实际出发，在企业发展中去实践，总结正反两个方面的经验，寻求最接近的成功企业管理模式并提炼出对自身最有效的管理方式，这才是引进成功管理模式的正确道路。

（4）回归。

无论何种模式都必须能发挥管理的作用并取得成效，确保企业能实现精细管理与精益运营。衡量标志：一是能使管理保证所有人的工作达到饱和高效；二是能使运营保证投入产出获得应有的经济效益。企业要想做到这两点，就必须不断地总结、提炼、创新管理模式，使管理体系不断完善，从精细做到精益，不断趋于完整成熟。

4. 市场导向

（1）逻辑。

企业生产什么？生产多少？定什么价格？都要由市场的供需关系来决定。产品、款式、等级、价格、数量、交期，企业应以满足顾客为前提、盈利为目标、营销为手段、竞争为动力，以追逐利润与市场供求关系共同决定生产与价格。

（2）警示。

企业的产品定价受到业内竞争和消费者购买力的双重制约，形成定价上限 A；企业生产成本（转移价值+投入成本）+利润，形成定价下限 B；$A-B=0$ 为正常，反映出市场供求处于均衡（当本企业产品价格=成本+利润，且=市场价格时，视同 $A=B$）。

（3）本分。

- 前提：市场上，某种产品总供给与总需求基本平衡，同类产品在生产企业间竞争已经非常充分。
- 结果：$A-B>0$，企业有超额利润；$A-B=0$，企业有合理利润；$A-B<0=|X|$-利润<0，企业隐亏尚有微利；$A-B<0=|X|$-利润>0，企业显亏，暴露出自身存在问题，必须引起高度重视并采取相应措施。

（4）回归。

- 定好位：卖什么？卖给谁？什么品质？什么价位？卖多少？竞争对手是谁？必须一一确定，制定可行方案。
- 抓开发：销售一批、试产一批、设计一批、开发一批、构思一批。
- 差异化：你无我有、你有我好、你好我转，永远要有危机意识。一直保持主动态势，即使在被动情况下也要力争主动。

5. 从无到有

（1）逻辑。

没有就是没有，事物总是一步一步从无到有、从小到大、从弱到强，逐步发展起来的。

（2）警示。

不愿从实际出发，总想做缺乏前提的事是不会成功的。必须量力而行，积跬步成千里。

（3）本分。

必须坚持今天织1尺布，明天织两尺布，一天比一天多织几尺。持之以恒，以求质变。

（4）回归。

首先学习身边成功者，其次学业内成功者。先按他们成功的经验一丝不苟地去模仿，以免从头摸索走弯路。学习的过程也是一个创新的过程。在学习他人的经验中必须勤于思考、寻找规律、积累经验，当条件成熟时，就要开始超越自我去发展。发展的节奏必须循序渐进，切不可操之过急，乱了套路，但也不可墨守成规。

6. 一次做对

（1）逻辑。

正确做好是一切工作的出发点和归宿，要能一次做对才是最高境界。

（2）警示。

事物是复杂的，一次做对会受到各种因素制约，必须首先看清事物。

（3）本分。

认清事物规律，掌握正确做事的规则要求，努力去一丝不苟做到位。

（4）回归。

- 建立企业产品设计的整体流程。
- 建立每种产品功能结构原理资料库，制定开发计划。
- 不断总结经验教训与防错点，了解出错表现及规律。
- 有针对性地制定防错操作规程，严格限制禁止的行为。
- 建立设计复核及检测规程，由复核人负责做审核校对。
- 建立产品设计元素及基础部件数据库，减少同类部件种数及特殊设计内容的项数。
- 制定设计审批流程，避免重复设计同类结构件或元素。
- 开发本行业的智能化设计系统，实现设计方案自动成型、多维坐标参数显示，使相关耦合件的啮合冲突数据能自动呈现，这是在设计规范化的数据积累过程中实现开发智能化的过程。
- 必须首先做好现阶段设计的标准化，再扩展到通用化、系列化，包括技术管理。

7. 从管理抓起

（1）逻辑。

工业 4.0 是德国工业化进程的历史必然。我国要实现工业智能化同样要遵循工业 1.0、2.0、3.0 的发展过程。必须循序渐进，没有近路可超。

（2）警示。

为 4.0 而 4.0 会变成机器的附庸，企业必须从人才、科技、设计、工艺、管理全面配套提升水平才能跟上发展，千万不可以跨越发展阶段。

（3）本分。

工业发展与生产力的科技水平呈正相关发展，管理是工业的重要组成部分。随着科技进步，越来越多的人为管理过程会被嵌入机器运行的逻辑中。但前提是先有科学的管理行为，再有机器的模拟。因此不重视、不懂管理的人很难掌握机器的功能实现逻辑，必然会与先进的设备格格不入。

（4）回归。

理解智能化设备并不是民企最紧迫的事，在迈向 4.0 的过程中必须首先提升管理水平,将现实的机器设备产能发挥到极致。只有这样才能降本增效,才能赚到钱,才能够实施转型升级。其次,企业要实现转型升级必须搞好精细化管理,实现精益生产。因此尽快告别粗放式经营才是最紧迫的任务,否则企业还没有来得及转型升级就已经被淘汰。"亡羊补牢,犹未迟也"。

8. 提升劳产率

(1) 逻辑。

劳动生产率(生产力水平)不仅是人类发展进步水平的标尺,更是人类文明的创造力和催生剂。改革开放中新生的民企更要不断提升劳动生产率。

(2) 警示。

企业的劳动生产率取决于员工在一定设备条件下能有效地生产出多少产品,人均劳动生产率是决定一个企业生产成本的关键因素。

(3) 本分。

办企业必须要创造效益,赚不到利润的企业无法生存。利润=价格-成本,价格由市场决定。成本中的材料费在设计合理的前提下同样由市场决定,成本中的其他费用分摊就要看同期劳动者生产产品的数量多少。数量越多,产品中分摊的费用就越少,产品的实际成本就会相对低;反之亦然。民企必须提高人均劳产率,即总产量÷总人数,它直接影响甚至决定产品成本的高低,有利润?还是刚好保本?还是亏损?

(4) 回归。

目前国内大多数企业的劳动生产率都非常低,仅为日本的 1/8,这才是中国老百姓普遍还不富裕的主要原因所在。企业老板必须清楚地看到仅仅靠锁定班工资额、日工时数、月放假天数这"老三样"是不行的,只能换来员工现有的低水平劳产率,造成企业效益和员工收入双低,而企业生产成本和员工生活成本又双高,导致企业与一线员工的生存与发展都处在"危机边缘"。企业老板应转变到"以人为本+尊重人性+人文关怀+科学管理"的方向上来,使员工在缩短工作时间的同时还能提高收入,实现短周期、低成本、低占用、高效率、高产出、高收入、高效益,这才是民企转型升级迈上新台阶的根本标志,即提高全员人均劳动生产率。

9. 真心共赢

(1) 逻辑。

劳动是创造价值的源泉,资本是价值的货币形态,提供着劳动创造价值的必要条件,其本身也是劳动创造价值的增值积累部分。企业通过生产运营过程使产品增值实现利润,必须靠员工通过劳动过程完成产品。资本与劳动的有效结合是企业获利的根本保证,所以企业老板对员工的态度和员工对企业的态度,决定着企业成败,必须互利共赢。

(2) 警示。

任何轻视员工或忽视资本的认识及做法都是片面的,"企业缺了谁都行"和"给多少钱干多少活"的观念在企业中普遍存在着，它会阻碍老板与员工实现同心同德、互利共赢，会导致相互不信任、不坦诚、不关心、不负责，这是民企的问题根源所在。

（3）本分。

民企的老板是企业主不容置疑，会像爱护生命一样爱厂，努力实现经营获利天经地义。员工虽不是老板，却是企业创造价值的劳动者，应享有充分的人权保障，具体体现在人身安全、劳动、报酬、休息、自主的合法权益上。劳资合作要做到公正、公平、公开，按照行业规则及薪酬标准按劳取酬、多劳多得。

（4）回归。

老板对员工像自家亲人那样，员工对企业像对自己家庭一样，真正做到以厂为家、爱厂如家，这样的企业还愁员工不努力、劳产率不高吗？

10. 实事求是

（1）逻辑。

办好任何一件事，实事求是是一个主要的前提条件。

（2）警示。

民企要想健康良性发展，一定要杜绝虚假、隐瞒、模糊的观念。

（3）本分。

做生意讲究货真价实，合作讲究肝胆相照，成功讲究互利共赢。企业老板要想把企业做强做大，必须做到不掺半点假，把事业目标公开、用人标准公开、共赢规则公开、奖罚标准公开、成本费用公开、经营结果公开，说话算数，真正分享共赢。

（4）回归。

民企要坚定不移地推行现代企业制度，建立科学的组织及用人机制，打造一套企业投入产出运营系统，确定资本回报目标，制定团队奖励指标，以职责约束人，以机制引导人，以系统取信人，以数据信服人，以业绩评判人，以共享保障人。民企必须敢于做真账、报真数，对就是对，错就是错，对事不对人，从上至下推行科学规范管理，使企业不断进步。

1.5 民企缺乏什么

1. 缺乏灵魂

（1）缺少企业家。

缺少企业家是中国民企落后的根本原因，有任正非才有华为、有张瑞敏才有海尔、有马云才有阿里巴巴。因为谁都有资格创业，一个有价值的成功企业必然会有一位真正的企业家在带领大家砥砺前行。

作为优秀企业家应具备一些最基本的素质要求如：

- 遵从价值规律，信守契约，用户至上，诚信经营，创造价值。
- 遵纪守法，以人为本，创建共赢，实行合伙制或股份制。
- 重视科技，坚持环保，加强管理，发展生产力，互利共赢，提高社会效益。
- 承担社会责任，尽企业家的义务，热心公益事业。
- 带领企业走市场化、精益化、集约化、规模化、智能化发展道路。

中国的民企不缺老板，缺少的是优秀企业家。

（2）缺少企业文化。

企业文化包括如下内容。
- 以企业家创业观、价值观、共赢观、分配观、发展观为核心理念。
- 以人人求实、奋进、拼搏、奉献精神和为企业发展献言献策多做贡献为情怀。
- 以人人尽职尽责相互支持、互相帮助相互学习、共创价值分享成果、共同营造和谐发展氛围为职责。

中国民企最缺的是全员共识、共赢分享、共同发展的文化。

2. 缺乏信念

（1）老板只求牟利。

许多民企老板意识还停留在只认为赚钱多多益善，其他都是虚的。胸无大志，不求上进，追求享乐，不乏唯利是图者。

（2）员工只为挣钱。

许多民企员工还停留在活要轻松、钱得多挣的狭隘意识中。很少想如何把自己工作干好，如何利于企业发展，不乏消极懒惰者。

3. 缺乏人才

（1）缺少职业经理。

职业经理在民企成长过程中的作用非常重要。但是受老板信任、内部环境、团队配合以及个人素质制约，称职且令老板满意的职业经理严重短缺，他们成长起步更晚、事业条件更缺乏。

（2）缺少专业人才。

中国的民企大都白手起家，因此必然会缺少人才。企业边成长边锻炼了各种岗位上的员工，各类专业人才是在市场竞争中成长起来的，也包括他们在不同企业中的历练过程。

（3）缺少骨干成员。

民企老板白手起家边干边摸索，在不同阶段环境变化跌宕起伏，人员流动大。骨干成员在逐渐形成又不断流失，处于缺少、选拔、招聘、变更的不稳定状态中，从而制约了企业发展。

4. 缺乏共识

（1）创业起始。

民企在创建、成长、发展过程中各类人才都处于空缺、选拔、实践、历练、成长、变化中，一切都是在变化中存在、演进、发展。每家企业都有自己的故事，共识从零起步。

（2）共识的焦点。

民企的共识集中在市场定位、产品定位、目标战略、经营策略、用人机制、分配机制、考核机制、科学管理等方面，老板本人的经历形成了个人的核心理念与思维方式。关键要看其是否能够与时俱进，这是民企内部想要形成正确共识的首要条件。

（3）团队的素质。

民企骨干的思想境界和专业水平直接影响企业内部能否达成正确共识，因为受团队骨干思想境界和管理水平所限，加上老板本人思想会存在某些方面的局限性，达成正确共识的几率很低，因此民企普遍存在"事总是做不好"的现象。

（4）市场的作用。

中国广大民企一定要生存和发展，民企只有通过在市场竞争中的成败来认清自身存在的问题与不足，并且通过市场反馈来影响内部团队和老板的认识，不断调整而顺应潮流，老板与团队的正确共识决定了民企的发展方向。

5. 缺乏互信

（1）缺乏了解。

民企在改革开放中诞生，历史还很短。每个企业各有不同，成员之间都有相识相知的过程，人的相互了解是信任的基础。

（2）角色不同。

民企中不同岗位间有互为因果的关系，工作内容有互为条件的联系，由于角色不同而存在相互制约的特点。这些因素客观上会产生不信任，必须以管理制度作为保障，互信需要在协同工作中逐步建立。

（3）缺乏配合。

因缺乏团队意识加上个人因素的影响，默契配合相互支持是民企最缺乏的。而相互配合是实现共赢的前提，大多不会主动体谅对方的处境与需求，更别说采取主动配合以支持对方达成最佳工作成果了。

（4）外压内醒。

要想做到在互信前提下不附加条件的相互支持，只有当外部压力大到非携手应对不可时，才能促使大家团结起来一致对外争取成功。经过多次反复后才能使大家懂得我为人人、人人为我的逻辑。

6. 缺乏责任

（1）职责由来。

民企在发展过程中制度建设是在边经营、边摸索、边规范中进行的，因此各部门及岗位的职责都有一个逐步认识、逐步清晰、逐步确立、逐步完善的过程。

（2）健全体系。

民企必须建立一套完整的责任制体系，这是所有老板都在期盼的。因为当下企业的很多工作都因职责不健全或不完备，屡屡造成重大工作损失，后果很难挽回。

（3）责任到人。

人人有事做，事事有人做。事事有标准，事事须达标，这是文明社会最基本的要求。责任到位必须首先责任到人，使岗位任职者明确所应负的责任和尽职的标准。

（4）责任机制。

完备的责任体系要有责任主体、责任规定、责任前提、尽职标准、失职后果、后果承担，还必须要与激励机制结合起来配套执行，形成企业内部的责权利机制。

7. 缺乏科技

（1）空白起步。

民企大都白手起家，作为生产力第一要素的科技，如专业技术、标准、人才、装备、资讯等都是空缺的，均通过借鉴、研发、总结、提升、招聘、购买、收集才有所积累。来之不易，依然缺乏。

（2）重硬轻软。

许多老板对设备比对产品技术更重视，认为设备的价值看得见摸得着，而产品技术是一叠文案、图纸、参数，对不对、有没有用、水平究竟如何？一时半会看不出结果，还是设备实在。

（3）重物轻人。

许多老板对在用的产品图纸资料比对技术人员更加重视，认为这套图纸已被市场验证。而某些设计师尚未在本企业做过设计，总认为不一定能靠谱。心存芥蒂，所以往往会忽视他们，影响其积极性的发挥。

（4）重数轻质。

许多老板重视数量轻视质量，只看到某些人出图多，某些人很久未出一张图。只重数量，不重质量殊不知设计图纸的专业性和难度有所不同，甚至有较大差别，要区别对待，切不可一概而论这样做只会挫伤员工的工作积极性，不利于员工的积极性、创造性的发挥。

8. 缺乏管理

（1）管理滞后。

管理是企业的基础建设，它决定了企业运营中的各项必要生产资源能否实现有效合理配置、有效运用、创造价值。我国改革之初因产品匮乏，粗放式经营也能获得利润，所以管理被民企老板不知不觉地放到脑后了。

(2) 管理落后。

由于管理开始就被忽略，加上其专业性、多样性、综合性和弹性，所以在民企的产品、销售、资金、厂房、设备、技术、土地、人才、管理这9大要素中，管理必然被排在最后，缺乏重视必然落后，人为因素是主要原因。

(3) 管理缺失。

管理滞后+落后必然成为民企的最短板，老板们把管理看成是形式、摆设、面子、琐事，偶尔会提一下，没有发挥其实质性作用。这酷似对某些保健品，认为吃不好人也吃不坏人，民企管理在大家的漠视中越来越缺失。

(4) 管理危机。

丰田公司享誉全球，其效益就是靠精益生产实现的。目前，中国绝大多数民企尚未健全管理体系，当市场经济随社会经济的发展而趋向成熟时，企业竞争也随之加剧，而哪些由于管理薄弱的民企将被挤到衰退边缘，这就是民企的管理危机。

1.6 民企路在何方

1. 诚信为本互利共赢

华人历来有实业报国的传统，中国广大民企应该像日本、德国的民企那样，真正成为社会财富的创造者。并且敬畏自然规律、遵守价值规律，一切以消费者的需求及长远利益为根本，秉持诚信。

民企老板为什么要赚钱？首先是为了使自己和家庭的生活能够丰衣足食，而且能不断提高生活质量。如果用钱买来的产品是假货，甚至有毒有害，你肯定不满意不能要。

孔子曰："己所不欲，勿施于人。"这应该是为人处事的基本守则。

民企大多是制造业，大工业的分工协作及供应链是每个企业生存的前提条件，也是其价值所在，因此互利共赢共同发展才是硬道理。同行业企业的竞争是必须生产出更好、更多、更省、更环保、更有价值的产品，而不是投机取巧、为富不仁。

民企必须遵守市场经济的等价交换原则，因此只有不断向管理要效益，才能获得市场的平均利润甚至是超额利润，这才是企业发展的正确道路。只有这样，整个社会才会在健康向上的公平竞争发展中逐步实现物质产品的极大丰富。这才是中国民企发展自然选择。

2. 坚持科技兴业

民企的致富之路必须依靠科技进步和资本积累的再投入，还必须加强企业内部管理，其中包括以下4项重要内容。

（1）生产工具决定生产力水平和生产方式，它直接影响生产关系变化。并且会随着科技进步得到不断改进，从而推动生产力的提高。

（2）生产关系与管理可解决民企中各种人员的定位、工作、作用、协同、工效、利益分配的问题，无论从价值实现还是从资本积累看，管理好坏会决定在相同条件下做出不同种类、数量、质量、价值的产品。

（3）科技是生产力而且是第一生产力，充分地依靠科技进步，使企业最终实现生产过程的自动化和智能化，其功效提升空间与价值增长潜力是无限的。

（4）依靠科技创新不断地研究出新材料、新工艺、新能源、新生态，会加速推动人类向物质极大丰富、按需分配的更高级社会阶段前行。它是使人类实现彻底解放的第一生产力，这是必然趋势。

3. 必须抓好两件大事

结合以上 4 个方面搞好生产关系与企业管理这两件事，对每一位企业老板来说是现阶段最紧迫、最重要、不可回避且必须要落实好。

（1）要建立真正共赢机制，不仅对上下游企业客户，还要对内部员工。凡是还不愿共赢的老板路只会越走越窄，加快退出改革大潮。虽然一些企业老板公开说一定要激励员工，只是停留在口头上而内心却认为"我是老板，企业利润当然应该全是我的。员工是我雇来的，有工资赚就可以了"。却不知这种缺乏共赢思想的思想观念已经威胁到了企业的生存与发展。

（2）要建立科学管理体系，运用已被前人证明是正确的管理方法，包括实现信息化，使企业资源功效发挥到最大化。这不仅可以使企业盈利，更重要的是可以使整个国民经济健康持续地向前发展，德国、日本等发达国家已经证明了这一点。

4. 劳产率与共赢及管理

企业的产品能卖到什么价格？用什么价格能买回他人的产品？这些均由市场来决定。企业所能做的只是在买进原料及半成品后通过内部生产过程，转化成为市场上所需要的各种产品后卖出。

马克思曾将这一过程称为"惊心的一跳"。而要使企业的产品完成这最后的过程就必须满足如下两个前提。

一是功能及品质必须符合市场的需要。

二是价格是市场上所能接受的。

但是一个现实的问题却摆在了企业老板的面前，产品应如何定价？即企业的产品在卖价与买价之间，是亏？是平？是赚？所付出的人工费+直接材料费+其他费用分摊=每件产品成本，是高？是低？注意高低要与市场价格比，与同行比。

很多企业老板采用压低员工工资、延长劳动时间来降低成本，也就是企业老板以"绝对延长劳动时间的""相对剩余价值"法来提高利润，而不是以技术的改进采取"绝对剩余价值"的方式来实现。结果导致员工没有积极性、出活少、浪费大、成本高，反而赚不到钱。

这正是企业管理要解决的重大课题，即提高劳产率。

实现真正的共赢分享，只有实行科学管理。说到底，就是让员工愿意积极工作，达到在生产过程中"每件产品人工费最省"或"相同时间内劳动创造出来的价值量最大"，货真价实。而要达成以上效果，必须采取如下措施：

（1）建立与员工共赢的利益分配机制，调动全员的积极性。

（2）建立科学管理体系杜绝浪费时间的行为，提高劳产率。

第 2 部分

分享 ZL 管理模式

2.1 企业利益主体与需求

1. 利益主体

（1）投资股东。
股东、投资机构、股民。
（2）骨干团队。
核心成员、管理团队、业务骨干。
（3）普通员工。
所有部门所有岗位的在职员工。
（4）合作伙伴。
销售合作伙伴和供应商合作伙伴，前者更为紧密。

2. 主体需求

（1）利润回报。
股东、投资机构、股民要求每年按持股比例分红。
（2）超额分红。
核心成员、管理团队、业务骨干按约定方案分红。
（3）工资福利。
员工按薪酬福利制度，按月及年终获得合理报酬。
（4）互利共赢。
与营销伙伴、供应商，按合同规定通过购销获利。

3. 需求前提

（1）成功运营。

作为经营实体，必须在市场上能够取得正常的运营，并取得成功。

（2）尽职尽责。

核心成员和所有的业务骨干必须做到恪尽职守，人尽其才。

（3）完成任务。

所有部门各岗位上的员工必须按要求完成任务。

（4）共守契约。

与经销商及供应商合作伙伴之间，必须信守合同，按约履职。

4. 满足需求

（1）按股分利。

股东、投资机构、股民每年可实现按净利润分红。

（2）按功奖励。

核心成员和业务骨干可按约定分得达标的红利。

（3）按劳分配。

员工按相应制度每月及年终可得到合理的报酬。

（4）公平买卖。

与经销商、供应商按所签合同规定实现公平交易。

5. 保障需求

（1）建立机制。

股东通过股东大会选举出董事会建立各项制度，以及各种有效的运营与监督机制，以确保企业能够正常运营。

（2）配足资源。

为核心成员及各部门业务骨干配齐运营所需的各项资源，以确保职业经理及业务骨干能凭借资源发挥应有的作用。

（3）排满任务。

对各个部门及岗位全体员工，要按其职能职责将全年任务指标分解到位，并且营造各种商机，力争任务均衡排满。

（4）供足货源。

对经销商要按合同供货，对供应商要按合同进货，力争高履约率，对因市场变化而导致的供求变更要备有预案。

6. 运营必须成功

（1）遵循规则。

市场经济必须遵守等价交换原则，企业运营必须诚信为本，坚持共赢准则。无论对外还是对内，都必须坚持共赢。

（2）人尽其才。

尊重人才，任人唯贤，充分发挥核心成员及骨干的作用尤为重要。

（3）公平分配。

按劳分配是所有经济学家的共识，一定要做到对普通员工实行计件+计时工资制，为核心成员业务骨干增设红利。

（4）按需供给。

对经销商必须要结合市场变化按需供给，要求生产和供应商全力配合。这涉及供产销整体联动，再难也要做到。

（5）科学管理。

要获利共赢必须运营成功，成功则必须做好供产销全程的运营管理，优胜劣汰。

2.2 民企管理重点所在

1. 普遍存在的问题

（1）周期过长：从下单到生产入库的周期一般都超长1倍以上。

（2）交期不准：即使定好排产交期，也说不准交货日期。

（3）积压过多：物料因早买多买错买而积压，成品有类似情况。

（4）占用过量：供产销中物料及成品资金占用要超过1倍以上。

（5）返工过量：工序一次合格率较低，使返工率普遍超标。

（6）废损过量：来料合格率偏低，返工率又高，料废、工废双高。

（7）超耗过量：投产物料按照使用定额计算，超定额比率过高。

（8）支出过量：其他间接费用的开支都存在过量使用的情况。

（9）成本过高：产品单位变动费+其他费用分摊，后者更为偏高。

（10）产品贡献过低：

贡献率=贡献额÷单价×100%

贡献额=单价-单位变动费（余额大，则益）

单位变动费=料费+工费

（料费为物料定额费，工费为计件单价。）

（11）保本点过高：

保本点占比=保本产销量÷总产销量×100%

保本产销量=其他总费用÷单位贡献

单位贡献可选代表产品做测算。

（12）接单困难：周期长、交期拖、售后服务差，接单困难。

（13）应收过高：接单困难使应收款增大，回款周期长，利息加大。

（14）应付过低：结算周期短，使应付金额过早支付，占用加大。

（15）利润难保：产量低、变动费与其他费双高，必然挤占利润。

（16）问题汇集：效率低、产量低、质量差、成本高，利润必低。

（17）恶性循环：以上问题相互作用，必然使企业生存环境恶化。

2. 营销管理的重点

（1）研究客户需求，分析客户对产品的满意度。从中找出改善及创新的方向与途径，反馈给设计、工艺、生产、采购、品管等部门。

（2）研究产品性价比，以便确定创利产品、保本产品、促销产品比重和全年盈利指标。防止只顾收入，不管盈利；只顾销量，不顾产能。

（3）与生产、采购、设计、品管部门一起评估销售指标与产能及材料供应的契合程度，研究产品外发协作的管控措施，确保销售。

（4）研究营销策略，分析宣传内容、渠道、方式对收入的相关性。不断改善营销组合方案，把握好营销费用与收入的比例及影响。

3. 技术管理的重点

（1）要研究销售对客户需求方面的反馈信息，深入考察市场中的购买行为，使产品在满足需求前提下能有引发客户购买欲望的亮点。

（2）要研究产品的价值工程，对实现功能的投入成本做综合分析。与可比产品对比，以满足功能、确保质量、节省成本为目标。

（3）要研究产品结构的标准化，为通用化提供支撑，为产品系列化创造条件，以利提高生产效率，降低成本，提高产品性价比。

（4）要研究产品定价与成本及盈利间的比值关系，包括产品的工费、料费、价位、贡献率、工艺性，要不断积累和分析数据。

（5）要研究零部件工艺工序标准的设计、各工序的适用装备，以及加工工序的分步动作和每个动作的工时要素。

4. 设备管理的重点

（1）要研究本企业产品结构、产能目标、工艺内容和对设备要求。

（2）要了解本行业生产设备现有品牌、型号、性能、质量、功效。
（3）要掌握本企业产品所需设备品牌、型号、性能、功效、价格。
（4）要从产品工艺要求和成本控制双向，确定设备合理配置组合。
（5）要加强设备的岗位培训及安全教育，组织做好设备维修保养。
（6）要做好设备易损件储备，掌握设备大修关键技术的外协资源。

5. 生产管理的重点

（1）要与销售、财务和采购一起做好全年产品生产指标预测及对策。
（2）要做好设备刀具或模具、工具、量具配备明细及采购期量标准。
（3）要与设计部门对接好各类产品和工艺技术文件，确保版本正确。
（4）要做好员工技能培训与评定，建立员工技能档案以利合理任用。
（5）要加强产品工艺中的重点工序岗位培训，完善工序作业指导书。
（6）要加强产品质量管控点的技术指导、预防措施、自检互检。
（7）要加强执行工序作业计划监管，督导班组工人按计划生产。
（8）要坚决按工序单价及合格数计算员工工资，鼓励多劳多得。

6. 采购管理的重点

（1）要掌握产品工序的 BOM（Bill Of Material，物料清单）信息内容，对物料统一分类编码。
（2）要健全"供应商物料明细表"，确定其单价批量周期和协议。
（3）要健全与计划物控仓管的业务流程，共享库存与采购信息。
（4）严格执行采购期量标准与采购计划，抓好短线，保达成率。
（5）要求供应商严格履约，对拖延供货及质量问题要及时处理。
（6）加强对供应商管理，定期评价供应商，以确保选用优质供应商。

7. 质量管理的重点

（1）依据产品设计工艺要求，编制产品生产工序质量检验标准。
（2）对生产过程中关键工序，按检验标准组织自检、专检、互检。
（3）对易发生不合格工序，研究制定预防措施，深入岗位指导。
（4）统计不良数据，抓住重点工序分析不良原因，数据要共享。
（5）对易出现返工的工序加强管控，总结经验不断优化预防措施。
（6）对供应商来料和委外加工进行质量检验，反馈供货方问题。
（7）定期开展对供货单位质量保证等级的评估，提供优劣依据。
（8）坚决贯彻ISO9000体系，不断加强推行全面质量管理工作。

8. 财务管理的重点

（1）参与产品定价工作，确定产品单位变动费用和单位贡献率。
（2）加强对各项费用管控，做好预算及与上年同类费用的对比。
（3）加强各类开支的报销审批监管，杜绝遗漏及违反报销规定。
（4）加强管控每月费用开支，与预算进行比对，严格把控超标。
（5）加强现金流管控，对应收应付账目进行逐笔复核防止错漏。
（6）加强产品成本核算，对每月生产入库的成品进行成本结转。
（7）加强盈利指标核算，对超支与节约、达标结果，出具报表。
（8）按企业与骨干团队的奖励约定，对利润超额部分核实奖金。

9. 人事管理的重点

（1）定期对组织架构的部门岗位设置考核指标与标准进行优化。
（2）结合发展变化及时调整各类重要岗位设置，确保人员配备。
（3）组织对部门岗位业务指标执行结果的考核评价，奖优罚劣。
（4）做好员工的职业生涯规划，为努力上进员工创建升迁机会。
（5）结合企业的战略部署选拔招聘储备人才，以适应发展需要。
（6）按照国家规定搞好员工参保和工伤医疗，以及福利落实工作。

10. 行政管理的重点

（1）加强行政管理，安排好企业对外联络接待，招待好各方来客。
（2）加强企业安全保卫工作，加强安全消防工作，做好环卫工作。
（3）搞好企业员工食堂饮食，确保饮食卫生安全，保障身体健康。
（4）搞好员工业余文化生活，提高员工的满意度，以增强凝聚力。

11. 权益机制的重点

（1）确保企业股东及投资机构权益，用投入产出机制管控损益。
（2）确保员工的劳动所得，鼓励多劳多得，准时发放员工薪资。
（3）确保兑现骨干成员绩效奖励，以签约为合理收益提供保障。
（4）确保缴纳企业增值税，按工商与税务管理规定上缴所得税。

2.3 何为企业管理

1. 管理内涵

（1）什么是管理。

管理是管理者的工作行为，是其运用的方式方法，即在企业内部对所有活动的人和事所做的运筹。

管理就是要对企业运营中的所有要务进行组织、指挥、协调、控制，使所有资源能够发挥出最佳功效。

（2）管理的目的。

以股东利益最大化为目的，推动企业全要素有效运营。确保能够生产出适应市场需要的产品实现销售盈利，以满足员工、股东、国家三者利益，并且培养高素质的各类人才。

（3）向谁学管理。

在企业管理精细化方面向日本和新加坡学习，在企业全要素精准高效运营方面向德国学习，在充分发挥管理各项功能作用与创新方面向美国学习。还要不断研究中国传统文化的精髓，汲取中华民族传统文化之精华发扬光大，在新时期继续创造出奇迹。

（4）丰田是楷模。

享誉世界的丰田精益生产，是迄今为止最成功的企业管理的典范。丰田模式的精髓在于全员参与实践最佳效益的生产过程，一切围绕为顾客提供满意产品和服务这一宗旨，一切围绕创造价值这一目标，科学分工、团结协作、一丝不苟、精益求精、反复实践、提炼标准、消除浪费、持续改善、降本增效、永不止步，是企业学习的好榜样。

2. 管理系统

（1）要涵盖全功能。

企业属于社会的经济基础范畴，是一个既开放又闭环的运行系统。其组织、功能、职能、岗位、职责、指标、工作、规则、标准、关联、因果、检测、判定、反馈、修正、总结、提升等要素，构成了围绕企业主营业务链运营而展开的完整管理体系。管理无处不在，管理无事不在，管理无人不在，管理具有全方位特征。

（2）要相互全贯通。

企业是社会的经济细胞，相互关联形成产业。企业内部供产销与人财物的各项运营活动都是具体相互衔接的。全贯通指企业内部全贯通、企业与市场全贯通，这样才能真正实现全社会资源效用的最大化。

（3）要能各方互动。

在企业各项业务运营过程中部门之间存在互动，企业与外界通过市场供求产生互动。将企业资源与市场需求紧密连接起来，关联各方互为条件互为因果，动态对接竞争融合推动社会发展。

（4）要实现信息化。

企业的全要素运营过程，企业与市场多对多交换过程，都需要以信息交互及反馈作为媒介。为了交换需求必然交互信息，当今世界已进入信息时代，企业内部及与市场之间必须实现信息交互的智能化。

3. 管理模式

（1）模式与内容。

模式是内容的外在表现，也是内容存在的具体方式。具体模式不仅能承载内容，更能有效地表现内容。

（2）模式体现机制。

模式要以某种形式存在，其本身与所承载的事物有辩证统一的关系，它是事物本身机制的体现。

（3）要体现个性化。

模式既然是事物的存在方式，又是事物本身机制的表现形式，所以事物的个性同样会通过模式体现出来。

（4）模式适时迭代。

模式还不是事物本质而是外在表现形式，随着事物发展模式必然会出现不适应状况，必须适时实施迭代。

2.4 企业管理使命

1. 社会基本矛盾

当前我国，社会基本矛盾即人民群众日益增长的美好生活需要和不平衡不充分发展之间的矛盾。我们的根本任务是集中力量发展社会生产力，具体表现在如下方面：

（1）人民群众有限的社会购买力与需求不断增长之间的矛盾。

（2）国内消费需求总量的不断增长与可供量有限之间的矛盾。

（3）市场对产品多样化个性化要求与可供产品同质化的矛盾。

2. 基本矛盾本质

（1）科技成果转化为生产力的比例很低。

（2）现有生产要素的运行功效很低。

（3）人均劳产率很低。

（4）创新能力很低。

3. 矛盾如何化解

（1）四维一体科技为本。

要从科技成果转化、生产要素运行、劳产率提升、创新能力 4 个维度来同步提高我国的社会生产力。科技是人类符合自然规律的有益活动经验总结和探索未来的知识与技术，是人类生存与发展的决定性推动力，企业必须通过科技进步与创新应用带动劳动生产力的不断提升。

（2）提升劳产率。

如果通过加强管理使劳动者的人均收入提高 3 倍（人数减半、效率翻两番），就能使有支付能力的社会购买力大增；同时使社会产品总供给量增长翻一番，这样就可以使全国人民群众的生活水平得到大幅度改善，使社会总供求之间的矛盾趋向缓解。

（3）发挥管理的作用。

运用科学的管理，可使传统制造业中的广大民企提高生产效率、减少用人、缩短周期、降低占用、多快好省、产量翻番、利润翻番，使劳产率提高数倍，使社会需求总供给量翻倍，使第三产业加快增长。要达到这些目标，企业管理的作用是不可低估的。

（4）彻底消除基本矛盾。

要从根本上消除我国社会的基本矛盾，除了政治因素以外，最根本的就是要充分发挥市场机制作用。首先必须使社会生产的供求结构比例相适应；其次必须不断提高社会生产力，以确保人民群众所需要的物质文化生活资料总供给与总需求能够实现均衡发展。

显然，在消除我国社会基本矛盾过程中，企业管理在其中将起到至关重要的积极促进作用。管理的缺失已是我国广大民企在当前及今后相当长的时期内，都必须花大气力解决的问题。

2.5 ZL 管理模式

这一节是本书核心，笔者要完整地将自己 23 年来对企业管理体系探索与实践的成果，呈现给广大民营企业家、高管团队、部门管理骨干。从而引发对企业管理的深入交流与探讨，能够对广大传统制造型企业在转型升级过程中起到一定的指导与借鉴作用。

ZL 是作者长期以来在实践过程中总结了出来的一套企业管理模式，其导图如下所示。

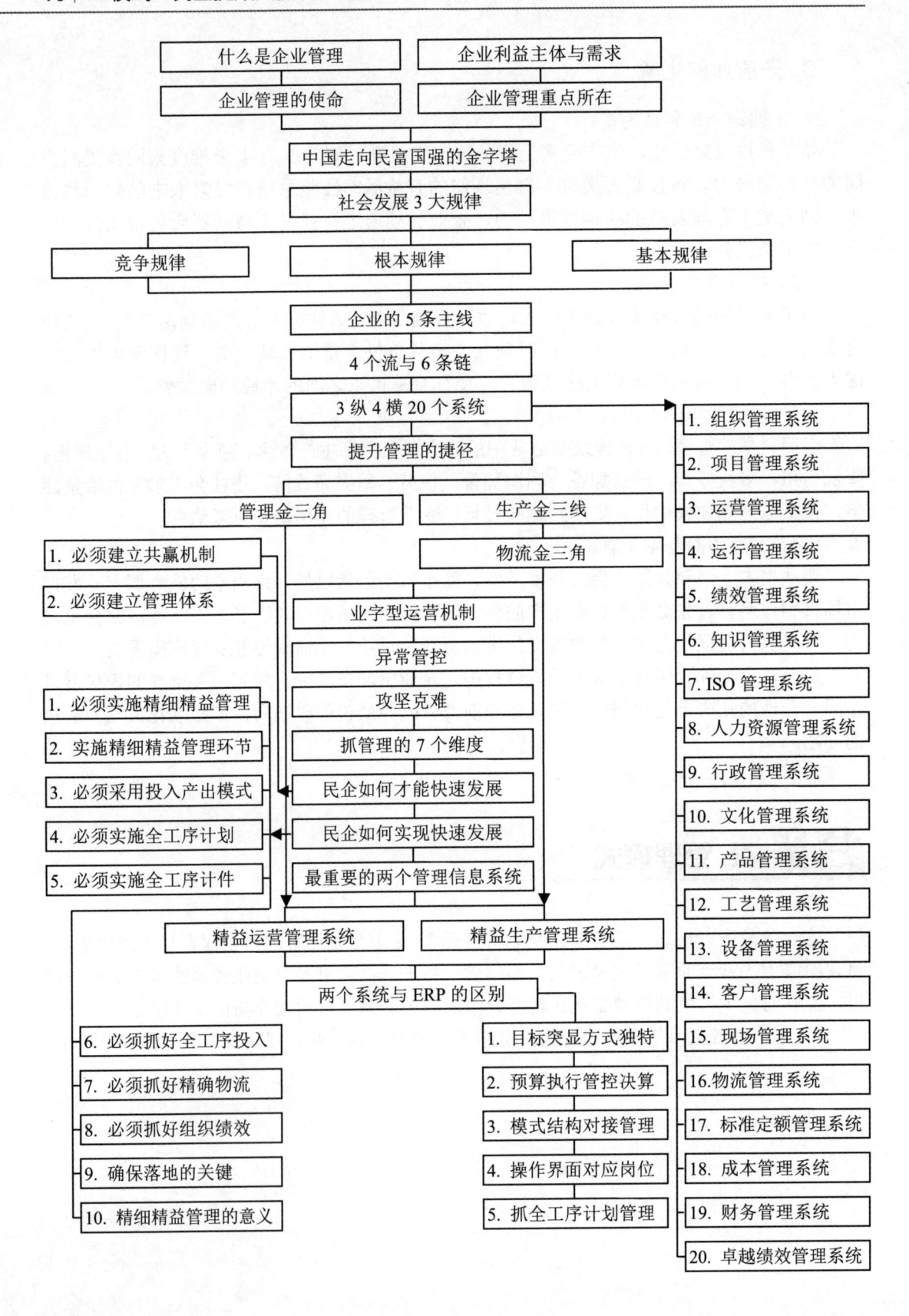

```
                    ┌─────────────────┐         ┌─────────────────┐
                    │  什么是企业管理  │         │ 企业利益主体与需求 │
                    └─────────────────┘         └─────────────────┘
                    ┌─────────────────┐         ┌─────────────────┐
                    │  企业管理的使命  │         │  企业管理重点所在 │
                    └─────────────────┘         └─────────────────┘

                              ┌──────────────────────┐
                              │ 中国走向民富国强的金字塔 │
                              └──────────────────────┘
                              ┌──────────────────────┐
                              │    社会发展 3 大规律    │
                              └──────────────────────┘

         ┌──────────┐         ┌──────────┐         ┌──────────┐
         │  竞争规律 │         │  根本规律 │         │  基本规律 │
         └──────────┘         └──────────┘         └──────────┘

                              ┌──────────────────┐
                              │   企业的 5 条主线  │
                              └──────────────────┘
                              ┌──────────────────┐
                              │   4 个流与 6 条链  │
                              └──────────────────┘
                              ┌──────────────────┐                    ┌──────────────────┐
                              │ 3 纵 4 横 20 个系统│ ─────────────────▶│ 1. 组织管理系统    │
                              └──────────────────┘                    └──────────────────┘
                              ┌──────────────────┐                    ┌──────────────────┐
                              │   提升管理的捷径   │                    │ 2. 项目管理系统    │
                              └──────────────────┘                    └──────────────────┘
                                                                      ┌──────────────────┐
                    ┌──────────────┐      ┌──────────────┐            │ 3. 运营管理系统    │
                    │   管理金三角  │      │   生产金三线  │            └──────────────────┘
                    └──────────────┘      └──────────────┘            ┌──────────────────┐
                                          ┌──────────────┐            │ 4. 运行管理系统    │
┌───────────────────┐                     │   物流金三角  │            └──────────────────┘
│ 1. 必须建立共赢机制 │                     └──────────────┘            ┌──────────────────┐
└───────────────────┘                                                 │ 5. 绩效管理系统    │
┌───────────────────┐                                                 └──────────────────┘
│ 2. 必须建立管理体系 │                   ┌──────────────────┐          ┌──────────────────┐
└───────────────────┘                   │  业字型运营机制   │          │ 6. 知识管理系统    │
                                        └──────────────────┘          └──────────────────┘
                                        ┌──────────────────┐          ┌──────────────────┐
                                        │     异常管控      │          │ 7. ISO 管理系统    │
┌────────────────────┐                  └──────────────────┘          └──────────────────┘
│ 1. 必须实施精细精益管理│                ┌──────────────────┐          ┌──────────────────┐
└────────────────────┘                  │     攻坚克难      │          │ 8. 人力资源管理系统 │
┌────────────────────┐                  └──────────────────┘          └──────────────────┘
│ 2. 实施精细精益管理环节│                ┌──────────────────┐          ┌──────────────────┐
└────────────────────┘                  │   抓管理的 7 个维度│          │ 9. 行政管理系统    │
┌────────────────────┐                  └──────────────────┘          └──────────────────┘
│ 3. 必须采用投入产出模式│                ┌──────────────────┐          ┌──────────────────┐
└────────────────────┘                  │ 民企如何才能快速发展│          │ 10. 文化管理系统   │
┌────────────────────┐                  └──────────────────┘          └──────────────────┘
│ 4. 必须实施全工序计划 │ ◀───────────    ┌──────────────────┐          ┌──────────────────┐
└────────────────────┘                  │ 民企如何实现快速发展│          │ 11. 产品管理系统   │
┌────────────────────┐                  └──────────────────┘          └──────────────────┘
│ 5. 必须实施全工序计件 │                 ┌──────────────────────┐      ┌──────────────────┐
└────────────────────┘                  │ 最重要的两个管理信息系统 │      │ 12. 工艺管理系统   │
                                        └──────────────────────┘      └──────────────────┘
                                                                      ┌──────────────────┐
                    ┌──────────────────┐      ┌──────────────────┐    │ 13. 设备管理系统   │
                    │  精益运营管理系统 │      │  精益生产管理系统 │    └──────────────────┘
                    └──────────────────┘      └──────────────────┘    ┌──────────────────┐
                              ┌──────────────────────┐                │ 14. 客户管理系统   │
                              │   两个系统与 ERP 的区别│                └──────────────────┘
                              └──────────────────────┘                ┌──────────────────┐
┌────────────────────┐                  ┌──────────────────┐          │ 15. 现场管理系统   │
│ 6. 必须抓好全工序投入 │                 │ 1. 目标突显方式独特│          └──────────────────┘
└────────────────────┘                  └──────────────────┘          ┌──────────────────┐
┌────────────────────┐                  ┌──────────────────┐          │ 16. 物流管理系统   │
│ 7. 必须抓好精确物流  │                 │ 2. 预算执行管控决算│          └──────────────────┘
└────────────────────┘                  └──────────────────┘          ┌──────────────────┐
┌────────────────────┐                  ┌──────────────────┐          │ 17. 标准定额管理系统│
│ 8. 必须抓好组织绩效  │                 │ 3. 模式结构对接管理│          └──────────────────┘
└────────────────────┘                  └──────────────────┘          ┌──────────────────┐
┌────────────────────┐                  ┌──────────────────┐          │ 18. 成本管理系统   │
│ 9. 确保落地的关键    │                 │ 4. 操作界面对应岗位│          └──────────────────┘
└────────────────────┘                  └──────────────────┘          ┌──────────────────┐
┌────────────────────┐                  ┌──────────────────┐          │ 19. 财务管理系统   │
│ 10. 精细精益管理的意义│                │ 5. 抓全工序计划管理│          └──────────────────┘
└────────────────────┘                  └──────────────────┘          ┌──────────────────┐
                                                                      │ 20. 卓越绩效管理系统│
                                                                      └──────────────────┘
```

1. 实现中国梦

（1）相关条件。

见下图。

中国走向民富国强的金字塔

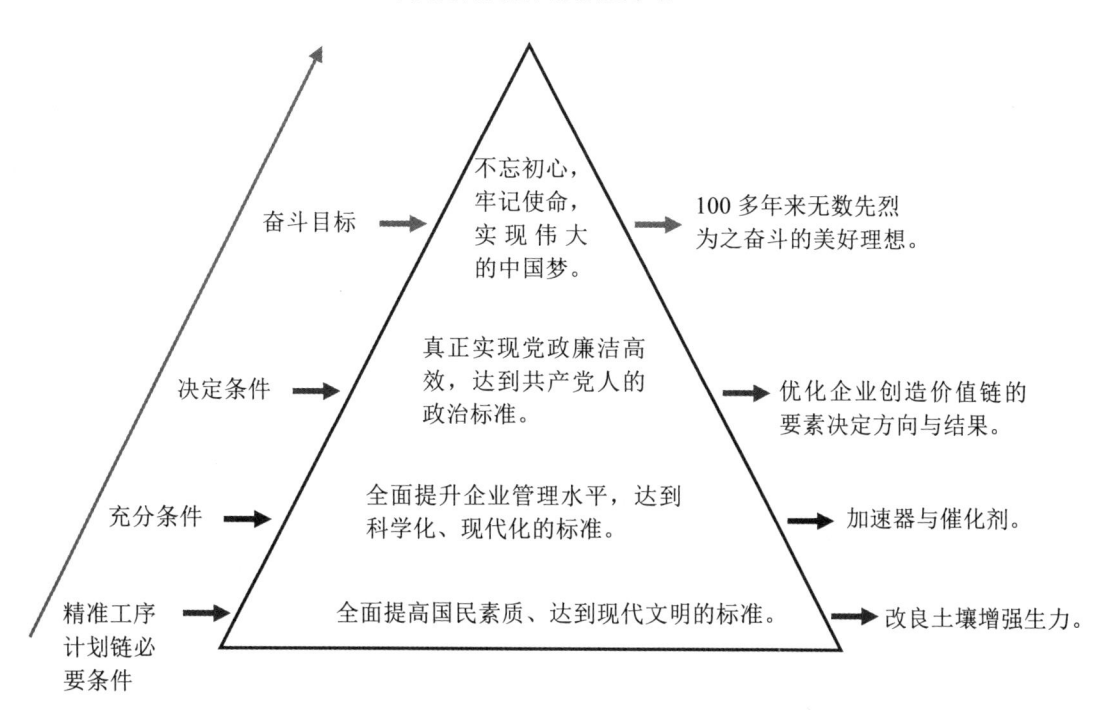

```
奋斗目标  →  不忘初心，牢记使命，实现伟大的中国梦。  →  100多年来无数先烈为之奋斗的美好理想。

决定条件  →  真正实现党政廉洁高效，达到共产党人的政治标准。  →  优化企业创造价值链的要素决定方向与结果。

充分条件  →  全面提升企业管理水平，达到科学化、现代化的标准。  →  加速器与催化剂。

精准工序计划链必要条件  →  全面提高国民素质、达到现代文明的标准。  →  改良土壤增强生力。
```

（2）条件简述。
- 必要条件。

一个国家的国民素质，决定了这个国家与民族强盛衰败的社会人文基础，它直接影响国家整体素质。而国民素质会受到本国传统文化、社会意识形态、全民教育水平，以及国家在社会精神文明方面的导向等多重因素影响，尤其会受到当今社会经济结构、生产力水平、分配关系、消费关系等经济因素的制约。

- 充分条件。

国民经济中的企业创造经济效益的能力，是中国走向民富国强的基本物质保障。改革开放给中国经济注入了活力，使我国经济得以快速发展，但目前绝大多数企业的人均劳产率及资源投入产出效率水平仍然很低。企业管理的落后已成为制约企业经济效益提升的最短板，导致这一充分条件目前还非常不充分。

- 决定条件。

政府的行政管理功能属于国家上层建筑范畴，除政治因素外，政府同样面临如何提升国家行政管理效率的重大课题。如果我国各级政府行政管理水平和效能能够进一步提高，无疑将会对提升企业管理水平和提高整体国民素质起到引领、带动、示范的效应。

（3）三者决定兴衰。

国民素质是民族强盛最关键的基础要素，企业管理是财富增长最关键的基础要素，行政管理是综合国力最关键的基础要素。兴也三者，衰也三者。只有三省良性发展，才能共兴。国民素质提升一定要倡导独立、自主、民主、法制、积极、奉献、健康、和谐、向上的社会风尚。行政管理效率的提升是政府履职的晴雨表，政府一定要践行勤政廉洁的准则，即"廉生威"。提升企业管理一定要崇尚科学与创新为主导方向，提升政府履职效率一定要践行勤政廉洁的准则。

2. 社会发展 3 大规律

（1）3 大规律架构。

3 大规律架构见下图。

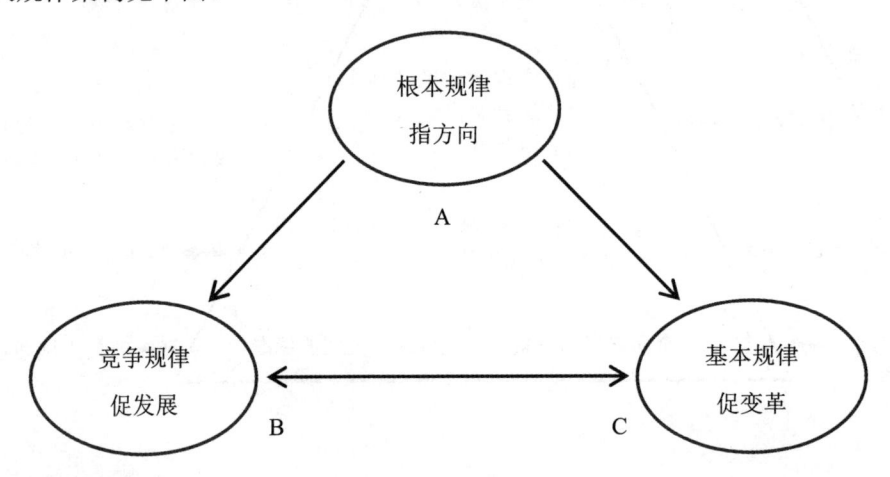

```
         根本规律
         指方向
            │
            A
         ╱     ╲
    竞争规律 ←B——C→ 基本规律
    促发展         促变革
```

（2）3 大规律简述。

- 根本规律 A。

人类在为自身的生存与发展永续地创造着数量日益增长、质量日益提高、损耗日益下降、范畴日益扩展、空间日益延伸、关系日益和谐、生态日益自然的物质条件与人文环境，这是人类社会一切正确思想与行为的根本动因和源动力。

- 竞争规律 B。

优胜劣汰，适者生存。强者争胜利，弱者争公平，竞争是推动人类社会发展的直接动力；公平是弱者与强者竞争的表现方式与追求的目标，竞争是永恒的，公平是相对的。此消彼长相互转化，二者在动态中趋于平衡，平衡是暂时的，不平衡是永久的。

- 基本规律 C。

科技是第一生产力，生产力决定生产关系，最终将会导致国家上层建筑发生变革；生产关系会反作用于生产力，二者相适应时促进发展，不适应时阻碍发展，生产关系必将随经济基础的改变发生变革，国家必将创新。

（3）竞争永无止息。

企业的使命就是从事市场经营活动创造物质财富，同时实现自身价值的增长。在市场经济中竞争无处不在、无时不在，竞争与公平动态平衡的表现尤为鲜明。企业发展的直接动力来自竞争规律。

（4）必须遵循客观规律。

人类社会的竞争早已扩展到地球以外的宇宙空间，大自然和宇宙的规律必然会制衡人类的竞争行为，遵循客观规律应该成为人类更长远更深刻的生存法则与竞争准则。企业老板和团队一定要以敬畏之心按照客观规律办事，因为只有实实在在地按客观规律办事，才能真正使企业创造价值、实现价值、获得共赢。

3. 企业5条主线

（1）5个生的理念。

如下表。

第1层含义	第1条主线	企业的生命在于产品，根基在于科技		生命	名词
	第2条主线	企业的生路在于市场，成败在于营销		生路	
	第3条主线	企业的生机在于人才，活力在于激励		生机	
	第4条主线	企业的生理在于机制，兴盛在于创新		生理	
	第5条主线	企业的生力在于管理，绩效在于科学		生力	
第2层含义	动词				
	生命	生路	生机	生理	生力
	要生出"命"	要生出"路"	要生出"机"	要生出"理"	要生出"力"

（2）产品与市场。

产品是所有企业的命根子，而科技又是产品创新的法宝，企业老板都懂得要想做出好的产品必须依靠科技的进步与创新。

企业的生路在于市场，这一个共识是所有企业老板从创业之初就已经心知肚明的"天条"，而且都非常懂得营销之道。

对于企业的"生命"与"生路"，许多创业至今的企业老板都有着骄人的业绩，继续不断采用国际先进技术装备实施品牌战略，运用各种营销举措不断扩大巩固销售业绩，一直是所有民企的重中之重。

（3）人才与激励。

企业的"生机"在于人才，从创业之初企业老板就知道"能人效应"，但是"活力在于激励"却始终是一道大家都谁都不愿破解的难题。

(4)课题。

- 课题1：如何堵住企业人才的"隐形漏斗"，防止人才流失？

  许多企业老板认为"企业没谁都行，就是不能没有老板"，这一理念往往会引出许多负面效应。即对企业所需要的人才，老板总有一种潜意识认为"不走更好，走也无所谓"。这样的思想态度，势必会造成人才流失的"隐形漏斗"，很不利于人才稳定。

- 课题2：如何识才、惜才、用好人才，做到人尽其才？

  许多企业老板缺乏对所需人才标准的全面把握，特别是对管理人才重视不够，普遍都看不懂、看不准、用不好，因人才缺失而失去发展商机的例子层出不穷。受人才所限使企业做不好、长不快，更做不大，已成为广大民企发展中的普遍现象，共同难题。

- 课题3：如何尊重人才信守承诺，让人才愿意留下来？

  许多企业老板对人才总是采取"实用主义"，即将其当成"人梯"，"摇钱树"用过就"忘"。结果造成人才流失导致工作停滞，并渐渐形成留不住人才的"民企离心文化"。与此共生的弊端就是打工者日益形成"自我中心文化"，即"企业好坏关我何事？"这已成为打工者的普遍心态。

- 课题4：如何建立企业老板与员工共赢的价值观？让员工认为我值得留下？如何建立员工贡献与收入相辅相成的责权利机制？能够共赢？如何统筹解决好股东、员工、国家三者利益关系，实现共赢？

  以上这3个问题都是企业老板必须要解决的。另外如何确保员工实现多劳多得？如何对骨干实行合伙人制？如何建立员工持股制？这些都是企业能够实现共赢的战略举措，值得企业老板深思。

- 课题5：如何使员工的公平地位得到真正确立，人人都有尊严？如何让员工从内心产生愿与企业长期共存发展的美好憧憬？

  企业必须能为员工的职业生涯发展提供各阶段的平台，不断加强人才的培养，使企业的凝聚力不断增强，能让员工看到希望。

  要逐步形成共存、包容、共识、团结、共赢、稳步升华的企业文化。

- 课题6：在现有条件下创造多大的经济效益才能满足股东、员工、国家三者的利益需求？又如何实现这个目标？

  这是企业老板与高层必须研究和解决的重大经营课题。

  总之，企业如何学会识别人才、任用人才、激励人才、评价人才、培养人才、留住人才，使人才能始终处在阳光、良性、被正确引导和不断激励的状态。主动预防员工中出现懈怠和不求进取的思想苗头，使员工一直保持积极向上的进取精神。这是广大民企要实现可持续发展必须解决好的首要问题，也是最根本的课题。

(5)总结如下。

- 民企必须平衡好股东、员工、国家三者的利益，建立公平的劳资关系。把员工作为创造价值的第一源泉，使员工的地位与企业的发展实现有机结合，形成荣辱与共的联合体。把家族式企业变成大家庭式企业，营建劳资权益融合的企业文化。

- 水能载舟也能覆舟，"企业缺谁都行，薪资已够生活"的观点已一去不复返，独立、自我、开放、现实、享乐、维权的新一代劳动者已成为主力。企业老板必须从尊重人性出发，营造理解与激励员工的环境，调动全员积极性创建共赢。
- 员工要求得到技能提升、当前收入、长期福利，企业必须将这些纳入人力资源发展规划，为员工营造良好的思想、技能提升和生活文化娱乐环境。并且呵护员工身心健康，提高职业操守，从劳资双向推动，达到激励人才的最高境界。
- 要健全组织分工及岗位的责、权、利机制，使每位员工都有明确的任务目标，通过共同努力确保企业总体目标的实施。配套建立健全的绩效考核机制，使每位员工都能在奖优罚劣的公平机制环境下工作，以确保最终实现总体目标。
- 合理规划投入产出，将全年运营中的利润、固定费用、两类贡献、销售收入、贡献率等指标，编入投入产出～精益运营系统贯彻实施，并能逐月达成各项指标。确保实现股东、员工、国家三者利益，使企业实现健康可持续发展。

4. 机制与创新

（1）"生理机制"是企业在发展过程中，对所有内外关系所建立的规则及运行规范的总和，包括股权结构、股权激励、利润分配、愿景导向、组织用人、制定目标、制定战略、任务分解、市场定位、产品研发、供求产销、采购物控、投入产出、运营管理、责权利划分、绩效管理、沟通协调、系统管理等。它影响企业的发展方向及事业兴衰，因此企业老板必须研究这个机制。

（2）企业老板必须从全民的利益及社会发展高度出发，重新审视本企业的各种关系规则及运行规范。使企业走上既符合市场经济规律、又符合社会利益分配规则的健康发展道路，不被狭隘的目光所局限。

（3）机制创新很重要，它涉及如何健全机制，以形成机制体系并使其可行，使其能够落地，使其能够生效，使其能够及时显示状态；如何才能够发现问题，如何才能够及时调整和完善，如何才能够使机制体系更简捷，如何才能够使机制体系更高效等。

（4）企业要想强盛，必须狠抓自身的机制建设。只有建设好各种机制，才能够具备体系健全的所有必要功能，并充分发挥出这些功能的作用而实现企业的发展战略，进一步实现企业的各项长远目标。

目前只有为数不多的企业老板在思考和布局"生理机制"，能够建立有效机制的民企更是凤毛麟角，对此应该引起企业老板的高度重视。

5. 生力与绩效

（1）"生力"指企业生命力的强度，具有不断生成、增强、变化的过程。它以管理团队为主体，通过管理实践不断实现更有效的管理模式、相应机制、选配适用人才有机结合而形成的企业"生力"，以推动各项事业的发展，实现企业既定目标。

（2）"生力"是靠管理团队，运用组织、指挥、协调、控制4大管理职能，结合企业主营业务的运行过程，不断地运用管理模式和相应机制去完成各项任务目标。从而使"生力"不断充实、增强和巩固，不断提高其内在质量，促进企业实力不断升级。

（3）"绩效"是企业的管理团队通过向前"4个生"（生命、生路、生机、生理见42页）不断提供各类问题的解决方案，再经过组织实施后所得到的成果。管理也是科学，绩效的优劣是由企业管理科学程度所决定。

（4）管理的科学程度一指管理团队结合实际的程度；二指采用管理模式及方法对症的程度；三指具体解决方案符合实际的程度；四指组织解决方案实施的有效程度；五指解决方案结果达成的程度。可按>90%、>80%、>70%、>60%、>50%设标准，再对以上5个方面按其重要性给出各自的权重值，5个方面的总权重值=100%，用这种量化评判的方法有利于管理团队进行PDCA [Plan（计划）、Do（执行）、Check（检查）、Act（处理），原用于质量管理，是循环进行的程序，笔者将其引入绩效管理开展4步循环的不断优化过程] 改善。

2.6 4个流与6条链

1. 4个流的理念

（1）商务流：由企业间的买卖所引起的业务往来活动，最终结果可产生交易。

（2）资金流：由企业间的商务流所引起的资金收付过程，未含其他往来款。

（3）物流：由以上引起企业间相应产品或物料或服务的交付过程，包括延伸到企业内部的生产物流。

（4）信息流：对以上各类活动的信息记录及反映，能充分体现前面互动及因果。并提供各种决策所需数据，利于各类人员有效地开展工作。

2. 6条链的提出

笔者在2003年提出4个流与6条链架构，并且提出将第1条链与第6条链连接起来，建立"投入产出绩效管理平台系统"，旨在将企业的组织建设、业务流程、投入产出、绩效考核4大板块结合起来形成一个管理平台。以此提纲挈领地将企业的经营管理抓起来，为尚无条件上ERP的中小企业提供一个简约ERP。即舍去细微复杂的MRPⅡ（Manufacture Resource Planning，企业制造资源计划），先抓住运营过程中的重要环节信息。当管理层能够运用投入产出将经营管理抓出成效后，再上MRPⅡ实施精益生产管理。

6条链的具体的内容概述：

（1）组织业务链：包括组织设置、主业设置、岗位设置、目标战略、任务分解、绩效管理等6大部分，其作用在于定义组织与优化组织结构、梳理主业务流程、建立目标战略、分解目标任务、完善岗位任务指标与工作标准，以及建立绩效管理机制，保障运营能够有效地进行，以求不断提高组织的绩效管理水平。

（2）产品工艺链：指制造型企业管理的产品对象及生产轨迹，包括产品目录、产品结构、加工工艺、工序要素、工序投入等设置，其作用在于划分生产组织、拆分产品结构、编制工艺流程、设置工序加工和工序投入，以及支撑各种计划编制。以指导产品排产定交期、工序转接、生产要素配套、质量管控、物料发放、采购库存，以及设备、刀具、模具、工装等的使用，使其都能够做到科学、合理、准时、节约、高效。

（3）系统计划链：包括企业制定目标战略、市场开拓规划、产品发展规划、产品营销规划、设备更新规划、投入产出规划；制定订单排序计划、机台排产计划、工序作业计划、辅具计划、计件计划、投料计划、采购计划、收发计划、物控计划、成本计划，以及各种期量标准、计划滚动调整等部分。当采用信息技术定制软件时，可将其融合。

系统计划链是企业整体管理的行动指南，是各部门、各个岗位、各项作业运行的路线。其作用在于定义各项规划及计划的作用、内容、相互关系，以求达到科学规划指导各部门协调一致开展全面经营活动的目的，尤其对集团式企业更加重要。

（4）物流控制链：包括与计划对应的物流期量标准、物流规范准则、实际物流信息反馈机制、物流控制调整机制 4 个部分，是企业整体运营实际表现。其作用在于以系统计划链指导实现合理的物流，以实际物流控制调整机制提供控制所需偏差数据，以求达到依据物流规范准则优化实际物流、提高运营效率、节省物流占用、降低物流成本的目的。

（5）资源管理链：包括企业各种资源分类管理台账、使用范围、价值变化、产品生产各阶段价值形成、价格与成本利润构成、价值的损耗，以及产出价值与投入价值对应循环等部分。其中的价值形成链是企业总体管理的主线及关键，其作用在于要使全体员工清楚，在全部运营过程中效益或亏损是如何产生的？认清投入是价值的基础，但必须以能转变成客户愿意接受的更大价值（价格）为一切努力的最终目标。

只有当投入的资源能够支撑产品或服务的必要功能实现时，才具有实实在在的价值。显然为了实现有效的价值投入，企业必须要做到确保功效、杜绝浪费。

（6）投入产出链：包括建立盈利目标，固定费用明细科目及预算，产品目录（含产品单价、料费、工费、贡献、贡献率、换算系数），总销量、销售收入、总贡献（含：费用贡献、利润贡献），平衡费用+利润的销售贡献、年均销售贡献率，各月指标分解，每天每月实现销售贡献与费用显示，同期的应收实收未收显示、应付实付未付显示、现金流显示、超耗损益显示、采购损益显示、各项费用实际与目标差异显示，分析差异原因并采取措施，接受各项指标差异结果，以及调整优化资源投入等部分。

投入产出链是企业整体管理的核心命脉，其作用在于要建立投资与回报的逻辑关系，即目标销售贡献额与实际销售贡献额、费用、利润之间的对应关系，利于指导全员认清本职工作的投入对产出销售贡献额的作用，将每个部门所有岗位的工作更紧密地与市场营销连接起来，促使全体员工能够更自觉地运用好手中的人、财、物资源，从而确保实现投入产出比值达到最佳，使产品在市场上能够实现等价交换获取应有的利润。

3. 4个流与6条链的作用

（1）管理体系的完整范畴。

请见下表。

以横对纵	商务流	资金流	物（服务）流	信息流
组织业务链	空间载体渠道	空间载体渠道	空间载体渠道	空间载体渠道
产品工艺链	载体及保障	客体及流向	主体及规则	客体及流向
系统计划链	掌控及保障	标准及依据	标准及依据	起源及范围
物流控制链	反映及保障	依据与互动	对应与控制	派生与互动
资源管理链	依托与增值	包含与互动	对应与合成	派生与反映
投入产出链	推动与实现	使用与增量	推动与合成	缘由与走向

本表非常清晰地表述了4个流与6条链的对应关系，它可以帮助管理者认清企业内部总体运营管理的全貌及脉络。

（2）管理体系的完整结构。

4个流与6条链可作为管理团队掌控企业运营管理的指南，双方的各个交汇点可作为对企业内部各项管理的支点。所有支点构成了企业内部管理体系的立体支撑，以指导管理团队能主动地开展各项工作。

（3）管理体系的模式创新。

4个流与6条链能够为企业管理提出新理念、新思路、新模式。按照这一模式可将企业管理问题采取"系统考虑+分块解决"相结合的办法给予分而治之。这样做既全面性，又可相对聚焦重点，最适合民企短、平、快地解决各种管理问题。

（4）管理体系的分层分线。

6条链的关系首先是依次关联，分为6个层面。然后是各自相对独立，每条链可自成专门分支体系。管理团队可按这种结构关系建立管理系统，按6条链的递进次序采取"建立→稳固→依托→完善"的方式进行。后续可开展各条链自身的PDCA循环，建立后再自我完善，逐步健全管理系统。

2.7 3纵4横系统

1. 20个系统架构

经过多年运营管理实践，笔者构思了20个系统组成的管理模式，见下图。

第 2 部分　分享 ZL 管理模式

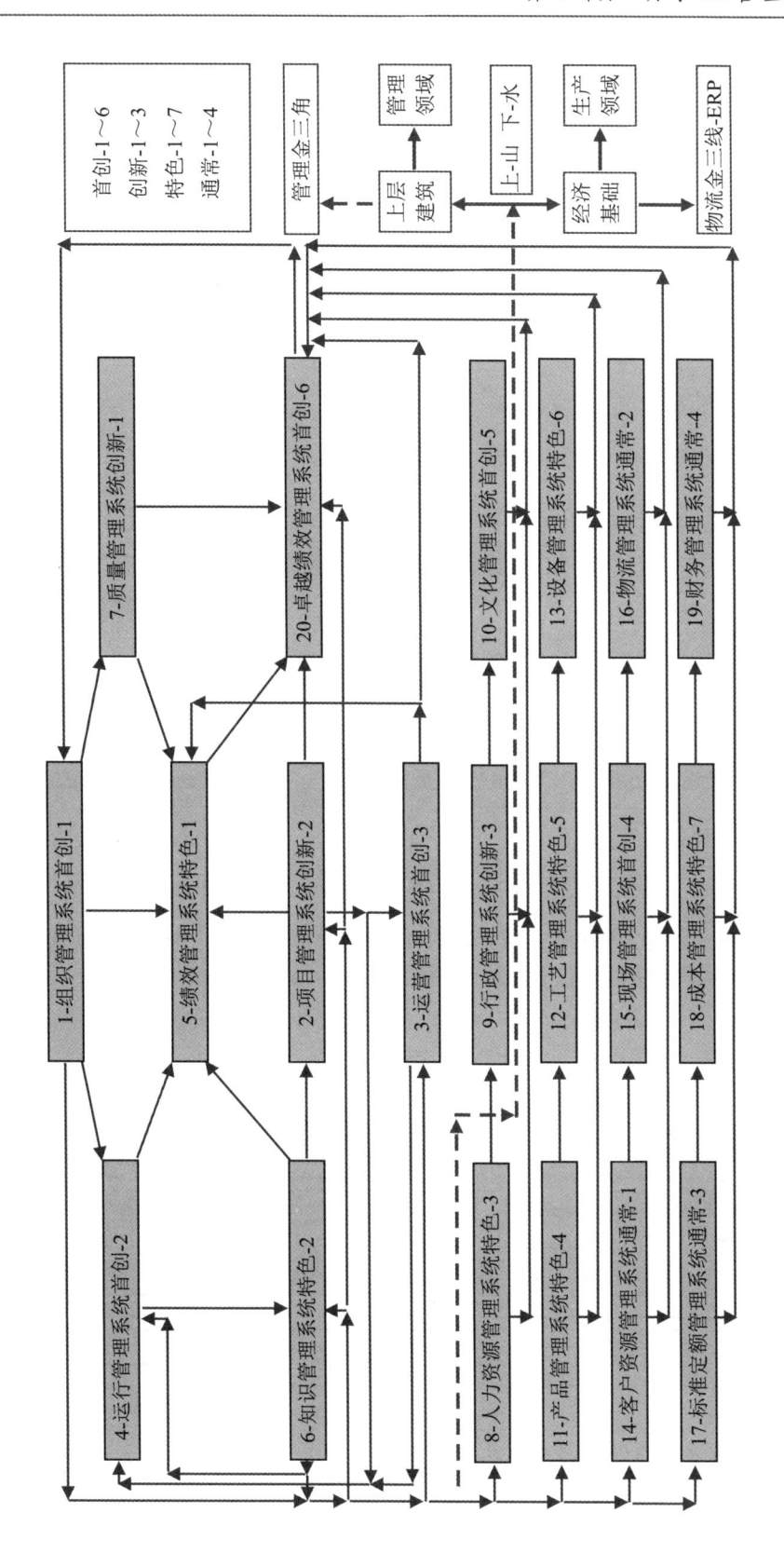

其中，运营管理系统及以上各个系统组成企业的"上层建筑管理"，偏重运营；其以下各个系统组成企业的"经济基础管理"，偏重生产。

上半部分为管理领域，下半部分为生产领域，非常清晰明了。人力资源随下半部分组成 ERP，上下两个领域同样都很重要。

3 纵加 1 横构成"山"、3 横构成"水"。要先从"山"上进入"水"中，只有先将企业的运营管理领域搞清楚了，ERP 才可以纲举目张。

20 个系统构成完整的管理体系，将其全面推行极利于民企产生质的飞跃。

2.3 纵与 4 横

3 纵是指左路为 4-和 6-，中路为 1-、5-、2-和 3-，右路为 7-和 20-，共包含 8 个系统。见下图。

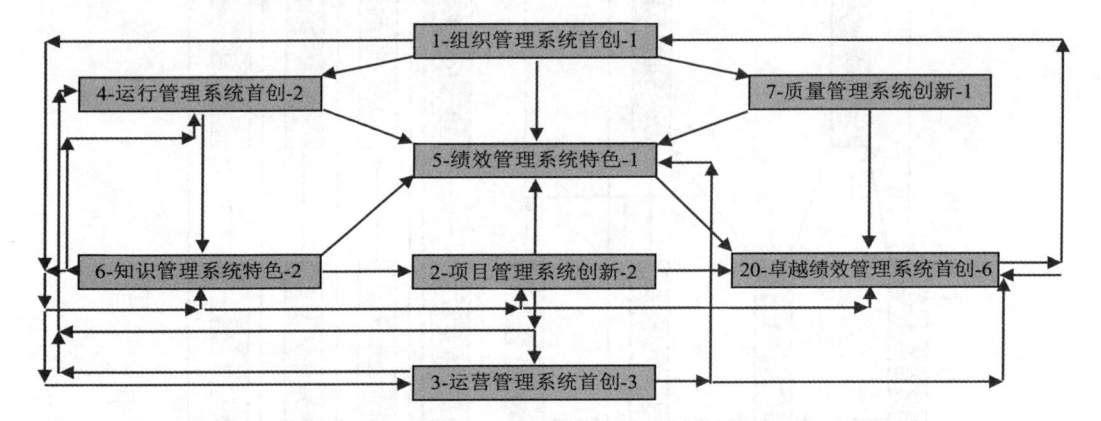

```
                    1-组织管理系统首创-1
        ┌───────────────┼───────────────┐
  4-运行管理系统首创-2                7-质量管理系统创新-1
        │                                │
        │          5-绩效管理系统特色-1
        │       ┌───────┴───────┐
  6-知识管理系统特色-2  2-项目管理系统创新-2  20-卓越绩效管理系统首创-6
        │                                │
        └──────── 3-运营管理系统首创-3 ────┘
```

4 横是指 8-、9-和 10-为第 1 横，11-、12-和 13-为第 2 横，14-、15-和 16-为第 3 横，17-、18-和 19-为第 4 横，共包含 12 个系统。

见下图。

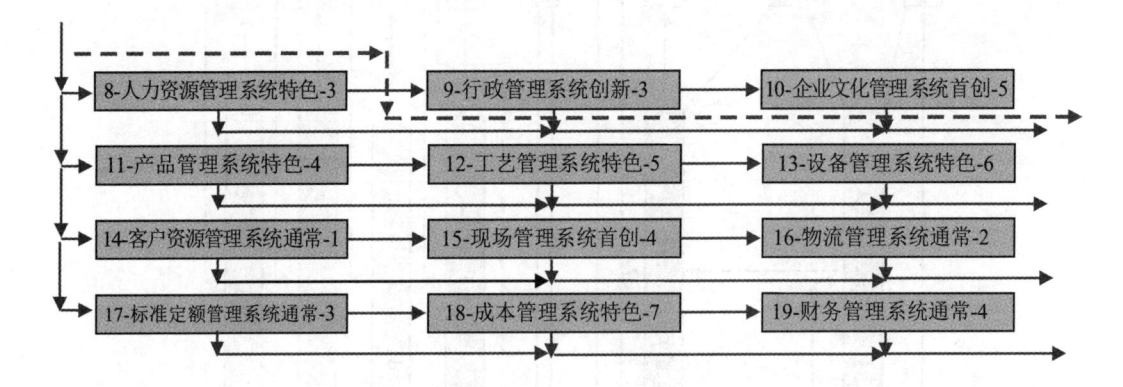

```
8-人力资源管理系统特色-3 → 9-行政管理系统创新-3 → 10-企业文化管理系统首创-5
11-产品管理系统特色-4   → 12-工艺管理系统特色-5 → 13-设备管理系统特色-6
14-客户资源管理系统通常-1 → 15-现场管理系统首创-4 → 16-物流管理系统通常-2
17-标准定额管理系统通常-3 → 18-成本管理系统特色-7 → 19-财务管理系统通常-4
```

注：15-现场管理系统即指精益生产管理系统。

3. "山"与"水"的理念

见下图。

```
                    1-组织管理系统首创-1
       4-运行管理系统首创-2          7-质量管理系统创新-1
                    5-绩效管理系统特色-1
  6-知识管理系统特色-2    2-项目管理系统创新-2    20-卓越绩效管理系统首创-6
                    3-运营管理系统首创-3
  8-人力资源管理系统特色-3   9-行政管理系统创新-3    10-企业文化管理系统首创-5
```

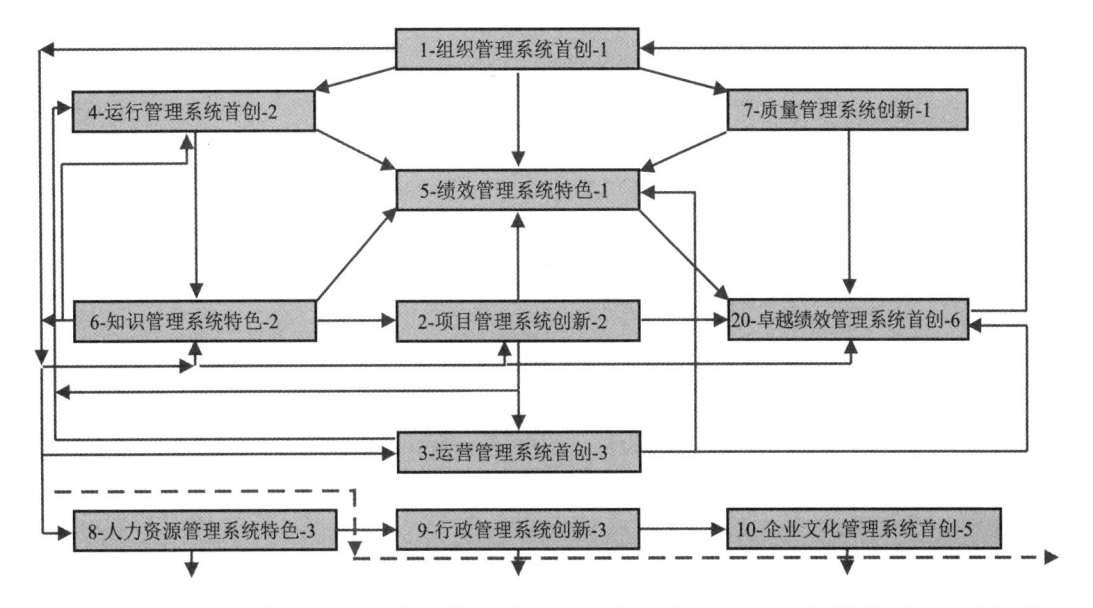

（1）"山"的理念：3 纵加第 1 横构成"山"字，其中包括 1-组织管理、2-项目管理、3-运营管理（即投入产出管理）、4-运行管理、5-绩效管理、6-知识管理、7-质量管理、8-人力资源管理、9-行政管理、10-企业文化管理和 20-卓越绩效管理，共 11 个系统。

（2）"水"的理念：下面的 3 横构成"水"字，再加上人力资源管理系统即属于 ERP 范畴。

见下图。

```
   8-人力资源管理系统特色-3
  11-产品管理系统特色-4    12-工艺管理系统特色-5    13-设备管理系统特色-6
  14-客户资源管理系统通常-1  15-现场管理系统首创-4    16-物流管理系统通常-2
  17-标准定额管理系统通常-3  18-成本管理系统特色-7    19-财务管理系统通常-4
```

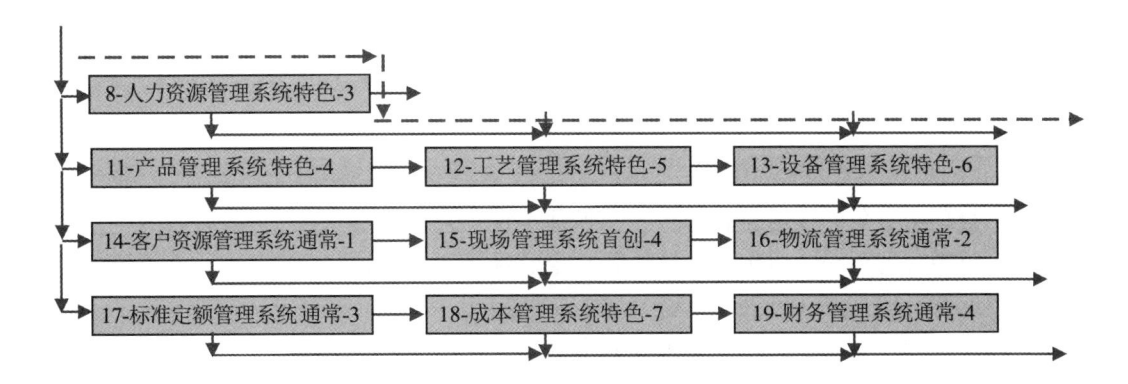

其中包括 11-产品管理、12-工艺管理、13-设备管理（即技术管理），14-客户资源管理、15-现场管理、16-物流管理（即供产销管理），17-标准定额管理、18-成本管理、19-财务管理（即财务管理），8-人力资源管理，共 10 个系统。

注：8-人力资源管理系统是"山"和"水"的共用系统。

4. 山上—管理金三角

（1）抓管理金三角。

"山"中的"3"加"1"，构成企业的管理金三角，"3"指 1-组织管理、3-运营管理和 4-运行管理；"1"指中心连接点和 5-绩效管理。

注：2-项目管理主要运用在产品研发等方面。

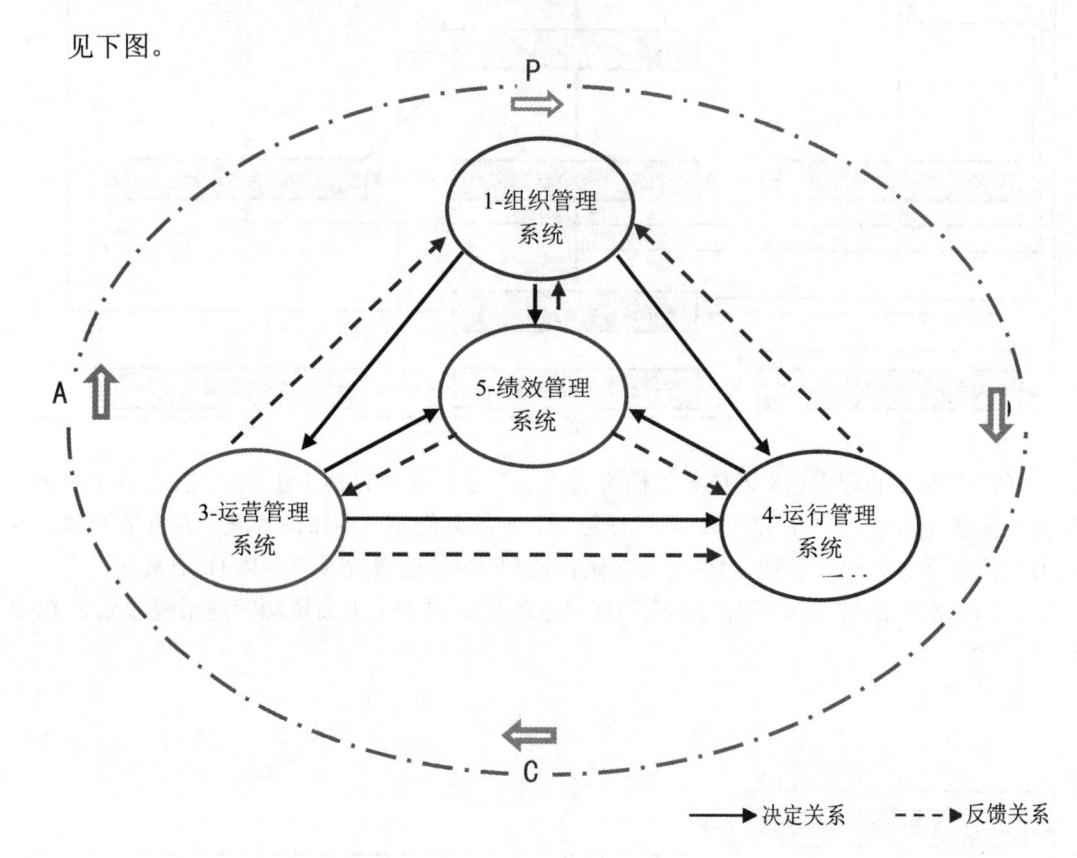

见下图。

```
                          P
                          ⇒
              ┌─────────────────────┐
              │    1-组织管理系统     │
              └─────────────────────┘
                    ↓↑
              ┌─────────────────────┐
    A ↑       │    5-绩效管理系统     │        ↓
              └─────────────────────┘
     ┌─────────────┐           ┌─────────────┐
     │ 3-运营管理   │─────────→ │ 4-运行管理   │
     │    系统      │           │    系统      │
     └─────────────┘           └─────────────┘
                          ⇐
                          C
```

──→ 决定关系   ---→ 反馈关系

注：运营管理即投入产出。

（2）管理金三角的作用。管理金三角抓住了企业管理的重点。

- 以组织管理系统（组织业务链）建立企业目标与规则。
- 以运营管理系统（投入产出链）掌控企业运营与盈亏。
- 以运行管理系统支撑企业管理与异常的解决及过程。
- 以绩效管理系统作为组织目标与规则的实施考核。

以目标与规则作为绩效管理的标准，以运营与盈亏体现绩效管理的业绩，以异常管理支撑绩效管理的过程，以绩效管理构成企业自我提升、自我优化的约束激励机制。

总之，用管理金三角来挖掘广大企业的内在动力、潜力、生力，引领企业管理进步，保障企业技术进步，促进企业素质提高，使企业在不断提高自身经济效益的同时增进社会经济效益。

（3）各系统的依存关系。
- 组织管理系统是运营管理系统、运行管理系统、绩效管理系统的动力源头与保证，即行动发起与循环的主体。
- 运营管理系统是组织管理系统的实施平台，是运行管理系统的资讯平台，是绩效管理系统的信息平台。
- 运行管理系统是组织管理系统的工作平台，是运营管理系统的保障平台，是绩效管理系统的资讯平台。
- 绩效管理系统是组织管理系统的落实平台，是运营管理系统的评价平台，是运行管理系统的考核平台。
- 组织管理系统是推动其他系统的枢纽中心；运行管理系统是运营管理系统的保障机制，而这两个系统的连接就形成绩效管理系统前置机制，每个从动系统会向主动系统进行信息反馈。

（4）运用管理金三角的意义。
- 可全面构建管理体系，从组织岗位、业务流程、职能职责、工作指标、达标标准到健全制度，使企业高效运行、全员有章可循。
- 可清晰构建供产销业务流程，消除空缺、断点、错位、重复、冲突，使业务流转能真实、准确、高效，使各类计划切实可行。
- 可实行 PDCA 循环不断提高管理水平，使流程不断优化、业务不断精准、响应不断加速、效益不断提升、组织不断改良优化。
- 可分解企业的发展目标与战略任务，结合主营业务运营，不断得到贯彻，不断得以实现，使企业既定目标能按计划分步实现。

（5）管理金三角的矩阵关系。

分享以往的解决方案，与现实中要开发的实际模式会存在差异。

管理金三角概要。
- 事业平台：组织管理系统。
- 经营平台：运营管理系统。
- 管理平台：运行管理系统。
- 考核平台：绩效管理系统。

54 | ZL模式—民企提效共赢制胜之道

管理金三角矩阵见下图。

经营平台（运营管理系统）	管理平台（运行管理系统）
资产总值　利税目标　品种组合　单位贡献 保本贡献　盈利贡献　盈利销量　变动费用 费用总合　流动资金　应收应付　现金流表 运营统计　运营分析　盈亏状态　占用状况 利润分配　系统维护　　　　　问题对策	组织人事　流程管理　日常公告　专项管理　个人办公 指标承诺　呈现异常　失责追溯　对应措施　后果备案 效率评价　会议推送　记录管理　文案管理　文件批发 文件汇编　出勤管理　大事建档　系统维护

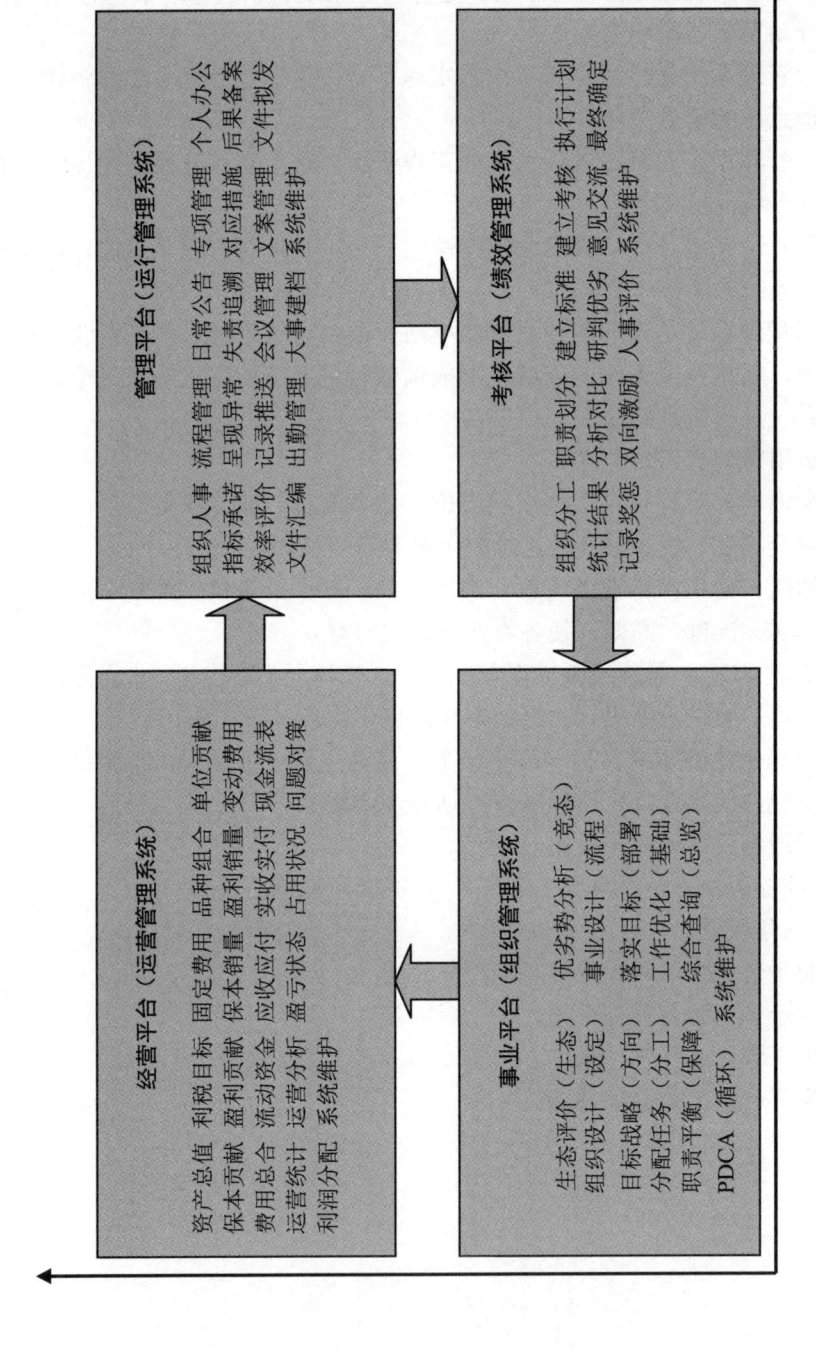

事业平台（组织管理系统）	考核平台（绩效管理系统）
生态评价（生态）　优劣势分析（竞争） 组织设计（设定）　事业设计（流程） 目标战略（方向）　落实目标（部署） 分配任务（分工）　工作优化（基础） 职责平衡（保障）　综合查询（总览） PDCA（循环）　　　系统维护	组织分工　职责划分　建立标准　执行计划 统计结果　分析对比　研判优劣　意见交流　最终确定 记录奖惩　双向激励　人事评价　系统维护

注：本图主要为体现管理金三角之间相互关系，模块中的内容是为培训所做的PPT，故相应做了简化。

5. 水中—物流金三角

"水"中的生产金三线与物流金三角是供产销系统的功能与职能以两种不同维度呈现的表达形式，本质上都是在体现企业的产品制造与物流过程的逻辑规则。这也是MRPⅡ的全部内容或ERP的主要内容。

（1）生产金三线。

见下图。

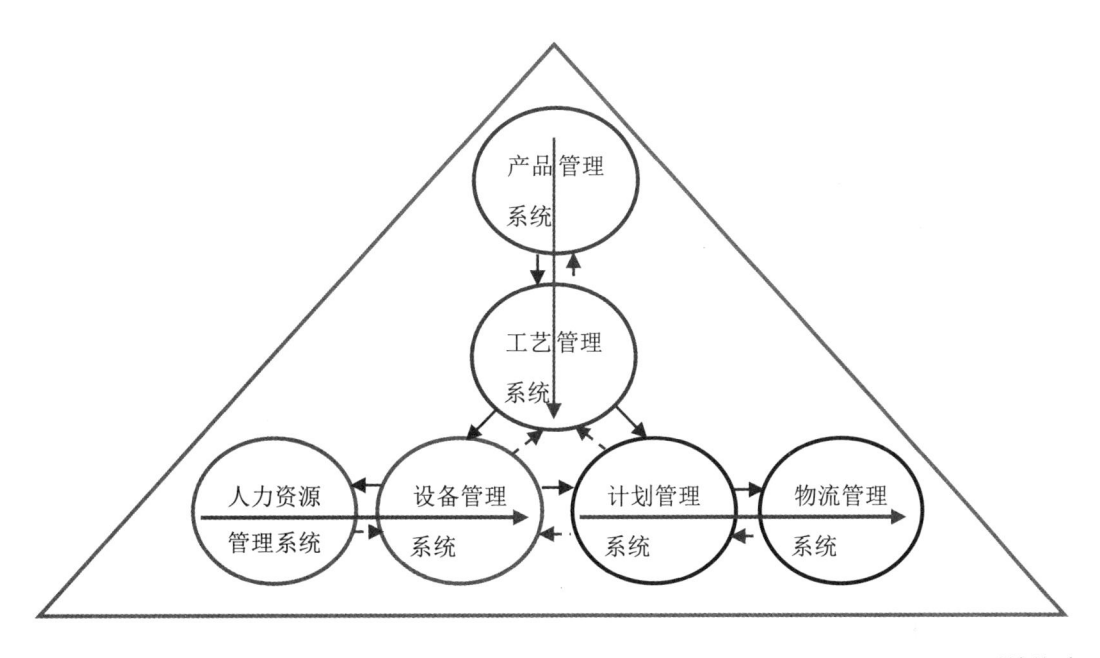

- 逻辑结构清晰。
  第1条线是从产品管理系统至工艺管理系统，构成了企业生产的第1组逻辑规则，表明产品结构决定工艺且工艺过程实现产品设计；第2条线是人力资源管理系统至设备管理系统，构成了企业生产的第2组逻辑规则，表明组织及设备是按产品工艺要求进行配置的；第3条线是计划管理系统至物流管理系统，构成了企业生产的第3组逻辑规则，表明计划是产品生产的总指挥，各种物流必须遵循现场的各项计划。

- 相互关系清晰。
  先是前者逐一决定并影响后者，又是后者逐次确保前者能够实现，最终形成产品的整个生产过程。

- 与MRPⅡ的关系契合。
  生产金三线就是MRPⅡ的3条主干线，只有了解这3条线的内涵及逻辑后，才能真正解决好生产现场的所有管理问题。精益生产的全部要素都包含在生产金三线中，因此要高度重视并认真研究，清楚生产金三线是至关重要的。

- 可转化成物流金三角。

生产金三线中除物流管理系统外,其他 5 个系统都已包含在生产现场管理系统(即精益生产管理系统)中,而物流管理系统则被分成在制品管理系统、采购物控管理系统、成品管理系统,这有利于不同业务部门按生产物流管理流程实现操作。

(2) 物流金三角。

见下图。

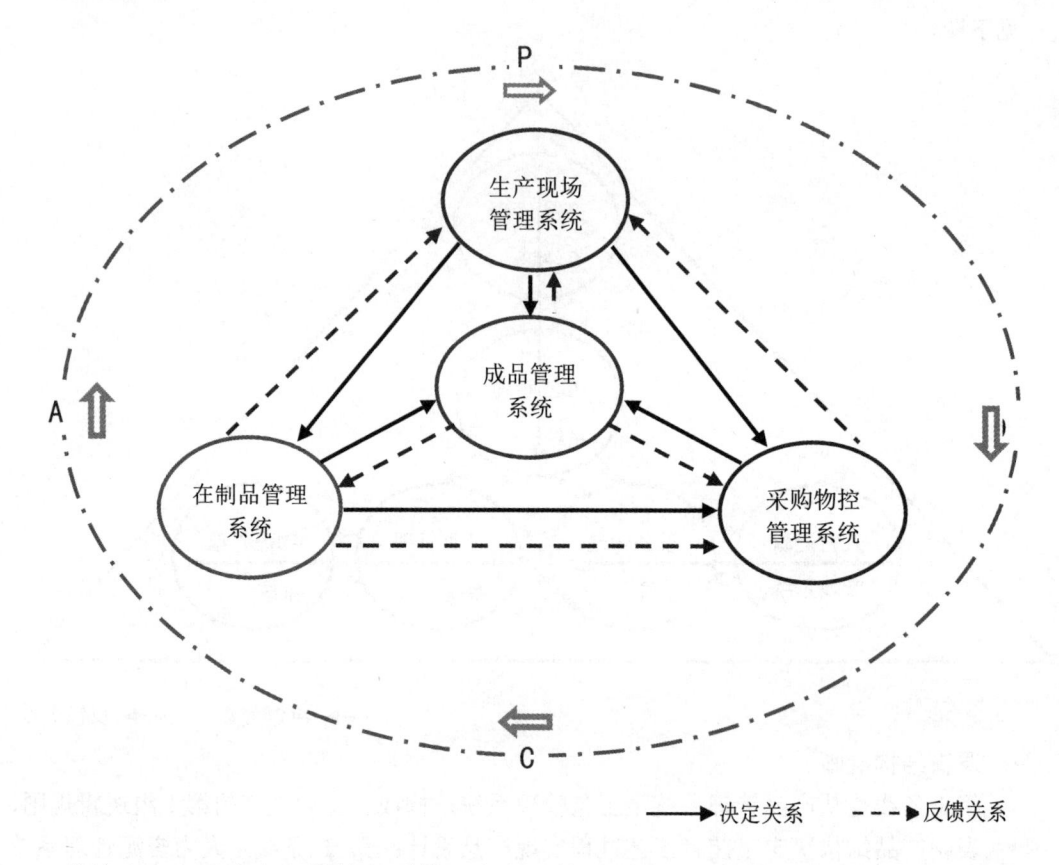

物流金三角由生产现场管理系统、在制品管理系统、采购物控管理系统、成品管理系统组成。生产现场管理系统中的工序投料计划是与采购物控管理系统之间的纽带,将生产计划与采购计划联通。

- 生产现场管理系统的重要地位。

在物流金三角中生产现场管理系统处于主导地位,贯穿全工序的"工序计划""机台计划""计件计划""投料计划""辅具计划",将以产品为加工对象的其他生产要素全部协同起来,包括机台岗位上的工人在内,所以地位非常重要。

生产现场管理系统可以彻底解除以往在精益管理项目中实施"人、机、料、法、环"和"5S"[整理(SEIRI)、整顿(SEITON)、清扫(SEISO)、清洁(SEIKETSU)、素养(SHITSUKE),又称为"五常法则",其日文罗马拼音均以"S"开头]管理的各项困难,因为生产现场管理系统已经把"人、机、料、法、环"和"5S"管理,通过专业计划实现了有序精准的组织运行。

- 采购物控管理系统的范围。
  采购物控管理系统通过采购计划→采购入库→仓库收发存（含超领及缺件管控）→采购恢储计划→采购不合格退货，将所有外购标准件/料、外购专用件/料全部管理起来，实现了限额发料、精准采购、收发存管理。
- 在制品管理系统的范围。
  在制品管理系统是从现场管理系统中独立出来的一块业务管理，目的为突出其特点与重要性。这个管理范围也是企业管理中的一大薄弱环节，是积压资金产生浪费的重要管控范围，因此必须加强管理。
- 成品管理系统的范围。
  成品管理系统管理产出成品，即销售的货源，连接销售下单、订单排产、工序计划、成品收发存管理。成品管理直接关系到满足客户需求，关系流动资金占用及周转速度、先进先出等成品管理的各个重要环节，直至销售部客诉的可追溯性，与生产的计划完工统计紧密关联。
- 物流金三角的重要性。
  物流金三角以生产现场为中心、采购为保障、在制为过程、入库为结果，形成了企业内部物流：现场全工序执行"工序计划""机台计划""计件计划""投料计划""辅具计划"即生产过程管理；对应"投料、采购、入库、收发存"即物流过程管理；现场"计划执行统计"即生产在制品管理；产品合格入库"收、存、管、备、发"即成品管理。物流金三角是企业内部物流管控非常重要的管理体系，只要企业老板决心大，大力推动、认真实施、一丝不苟，就一定能够实现精益生产管理，确保获得最佳的经济效益。

2.8 业字型运营机制

1. 降本增效逻辑

见下图。

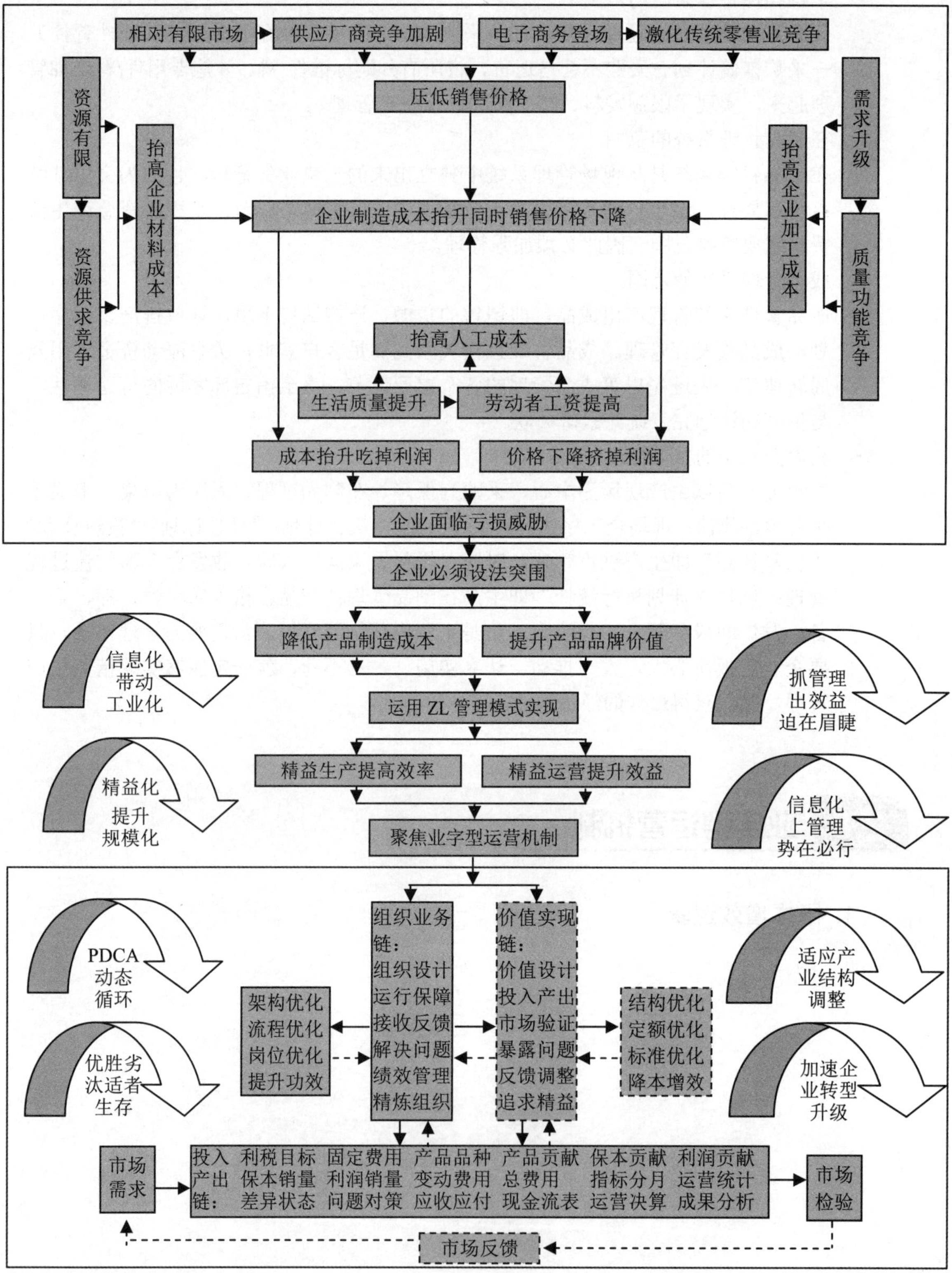
相对有限市场
供应厂商竞争加剧
电子商务登场
激化传统零售业竞争
压低销售价格
资源有限
资源供求竞争
抬高企业材料成本
需求升级
质量功能竞争
抬高企业加工成本
企业制造成本抬升同时销售价格下降
抬高人工成本
生活质量提升
劳动者工资提高
成本抬升吃掉利润
价格下降挤掉利润
企业面临亏损威胁
企业必须设法突围
降低产品制造成本
提升产品品牌价值
信息化带动工业化
抓管理出效益迫在眉睫
运用 ZL 管理模式实现
精益生产提高效率
精益运营提升效益
精益化提升规模化
信息化上管理势在必行
聚焦业字型运营机制
PDCA 动态循环
优胜劣汰适者生存
组织业务链：组织设计 运行保障 接收反馈 解决问题 绩效管理 精炼组织
价值实现链：价值设计 投入产出 市场验证 暴露问题 反馈调整 追求精益
架构优化 流程优化 岗位优化 提升功效
结构优化 定额优化 标准优化 降本增效
适应产业结构调整
加速企业转型升级
市场需求
投入产出链：利税目标 固定费用 产品品种 产品贡献 保本贡献 利润贡献 保本销量 利润销量 变动费用 总费用 指标分月 运营统计 差异状态 问题对策 应收应付 现金流表 运营决算 成果分析
市场检验
市场反馈

2.3 条链循环

见下图。

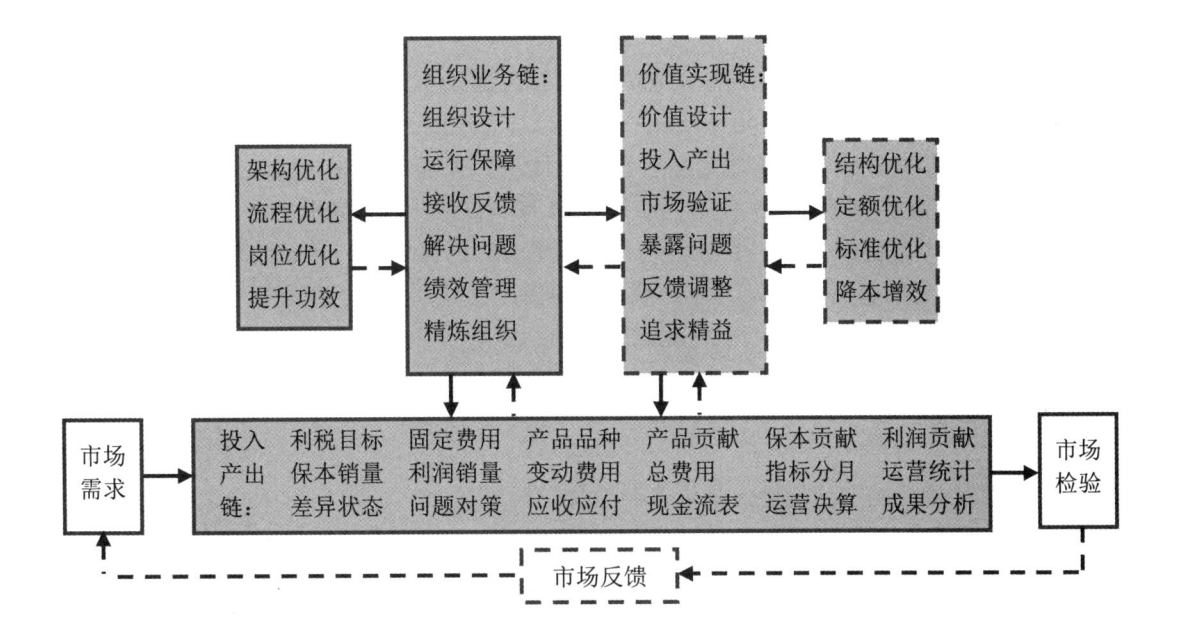

```
架构优化           组织业务链：      价值实现链：      结构优化
流程优化           组织设计          价值设计          定额优化
岗位优化           运行保障          投入产出          标准优化
提升功效           接收反馈          市场验证          降本增效
                  解决问题          暴露问题
                  绩效管理          反馈调整
                  精炼组织          追求精益

市场      投入产出链：利税目标 固定费用 产品品种 产品贡献 保本贡献 利润贡献    市场
需求      保本销量 利润销量 变动费用 总费用  指标分月 运营统计            检验
          差异状态 问题对策 应收应付 现金流表 运营决算 成果分析

                           市场反馈
```

注："业"字型机制中的价值链是资源管理链中的实际运营功能体现。

3. 循环机制内涵

（1）这是 ZL 管理模式的运行机制，是企业运营管理 3 条链的循环。
（2）3 条链既各自独立又相互作用，既可内部优化，又可相互促进。
（3）从主观到客观，从企业到市场，3 条链依次运行，由市场检验。
（4）若达到预期，证明运营成功；若遇到挫折，必须及时调整对策。

4. 循环机制运行

（1）运行组织业务链形成价值链，两条链都要通过投入产出链到市场验证可否，投入产出链还可做经营预算。
（2）投入产出链反馈市场信息，或畅销或滞销，引发组织业务链相关部门采取措施。即调整对策，或调价或改设计或改材料或压缩开支以利应对，再通过投入产出链。
（3）价值链中除市场定价外，还有产品、工艺设计，材料、设备选用、质量控制、市场营销等要素的投入，这些都要由组织业务链来决定。运营管理团队要把价值链中价格与成本区别对待，要特别着重成本管控。因为成本作为价值的要素不仅是产品价值的必要组成部分，还是产品利润的相抵部分，具有双重性。

（4）运营管理团队必须以市场为导向确定产品的定位，以价格为导向确定成本的定位，以盈利为导向确定性价比。如果要想实现三者统一，则必须依靠精细化管理做好平衡。

5.3 条链中关键

（1）组织业务链的关键在岗位与流程的优化，通过不断优化，使整条组织业务链能高效地发挥各项管理功能。

（2）价值链（资源管理链的实际运营功能体现）关键在定额与标准的优化，通过不断优化，使价值链各部分价值都能达到市场上同类产品的平均先进水平。

（3）投入产出链的关键在资源功效、产品组合、产品售价、单位费用、单位贡献、贡献率、费用贡献、盈亏平衡点、总销量、盈利占比、利润贡献、供需平衡、偏差管控等这些关键性指标的变动与实现上，管理团队必须高度重视并能掌控全盘。

6. 价值链内涵

（1）市场接受的产品价格，是价值链的外在约束条件。
（2）品牌影响及市场竞争地位，是价值链的内在张力。
（3）市场竞争将会形成客观上产品价值链的价位水平。
（4）市场认可的价格，是价值链创收能力的单位上限。
（5）市场总量及份额，是价值链创收能力的总量上限。
（6）产品的价值链，首先由产品变动费用价值所构成。
（7）产品的价值链，再由固定费用分摊的份额所构成。
（8）如两项费用之和=价格，保本；如<价格，盈利；如>价格，亏损；亏损的价值链一定存在不合理的问题，必须加以改善。
（9）产品价值链的优劣，整体上一看其单位贡献与总销量，值越高越好；二看盈亏平衡点的销量占总销量之比，值越小越好。

7. 组织业务链地位与作用

（1）组织业务链各部门任职者共同掌握着企业运营的命脉，这条链对运营的方向、举措、策略的最终抉择，起着决定性的作用。

（2）价值链的要素构成都是由组织业务链设定的，包括组织业务链自身费用开支。

（3）投入产出链在市场上履行着企业的运营功能，它同样是由组织业务链设计并运作的，需要通过市场检验产品价值链的优劣。

（4）投入产出链的成效优劣，关键看组织业务链是否在做对的事，即所生产的产品是否符合市场上的需求。

（5）组织业务链自身无法自证，只能由投入产出链的实际运营成效，以及市场对企业产品的接受程度来判别，绝不可自以为是。

（6）组织业务链是企业的中枢，不仅在于决定运营方向、举措、策略，更在于本身还是纠错的主体，只是判别正误标准在市场。

8. 组织业务链 3 大任务

（1）规划打造价值链。

在掌握内外信息前提下来规划价值链，包括产品品种、价格、变动费用、固定费用、盈利目标、产销量、各项指标平衡。

（2）运营投入产出链。

包括对接市场客户订单、验证价格及销量、统计偏差，以及结合生产运营实际平衡需求与可能，采取措施努力实现相符。

（3）适时不断自我优化。

包括优化主业、架构、流程、岗位、分工、责权利、达标、验证、措施、考核、奖惩。

2.9 异常管控

异常管控包括如下方面。

（1）建立"异常管控考核机制"，及时发现并排解现存问题。按质按量准时履行合同，以确保企业投入产出运营指标能够顺利达成。

（2）依托企业定制系统，从客户订单评审，到接单排产、采购、入库、发料、生产、品管、返工、超领、合格、入库、发货、按单结算，实现贯通全程计划管控与定额管控。凡出现异常必须记入系统，追根溯源一抓到底，杜绝再犯同样错误。

（3）依托品管检验手段，对生产中不合格品进行原因追溯及责任追究。

（4）依托财务管控手段，对超领、返工、亏损损失进行及时弥补。

（5）依托销售发货客户投诉，对设计、生产、采购中的问题进行分析。

（6）依托仓库收发存物流管理，对设计、生产、采购中问题追溯。

（7）依托计划管理对订单评审、采购、外发、生产、仓管问题进行追责。

（8）企业绩效考核组组长要亲自审理每件异常，各方配合一抓到底。

（9）通过异常追溯完善流程和制度，增强执行力度，提升全员素质。

以下是异常管控系统的模板。

异常登记表　　　　　　　　　　异常编码：000

	提出年月日：		提出单位：		提出人：			审核人（考核组）：	
异常事项提出	异常描述（提出人写）：		导致后果（提出人写）：		产生异常起因（考核组写）				
					序号	起因标准语句	序号	起因编码（树形关系）	
	异常归类：								
	异常标准语句：异常编码：							异常等级：ABC（三选一）	
原因分析	人为原因（考核组写）：		客观原因（考核组写）：			管理原因（考核组写）：			
	人为原因占比：　%		客观原因占比：　%			管理原因占比：　%			
落实责任	部门名称	岗位名称	任职者	涉及职能第几条款		涉及职责第几条款		部门占比	个人占比

注：该表用于登记异常事件，每发生一次异常事件就登记一张表。

异常台账

年月日	异常编码	异常标准语句	发生第次	起因编码	起因标准语句	发生第次

注:"异常台账"信息共享"异常登记表","发生第次"作用很重要。随着时间推移能统计得到大数据进行频次排序,异常与起因关联将一目了然。

责任台账

年月日	异常标准语句	异常编码	涉及部门	责任占比	涉及岗位	任职者	责任占比

注:"责任台账"信息共享"异常登记表",用标准语句做统计至关重要,这样才能建立系统信息共享。

2.10 攻坚克难

建立"重难点问题攻关看板",上级为下级或各级自行设定其中的问题,以解决现存的老大难问题。

各级负责人可通过"重难点问题攻关看板"为所属团队布置提升管理任务、标准、期限,以确保化解现存的各种疑难问题。

"重难点问题攻关看板"按 2/8 法则抓准本部门中重难点问题,各部门的一把手是该看板的第一责任人。如果看板中的任务未解决,则一直列在上面。

以该看板中问题的解决效果作为考核各部门一把手能力水平、尽职业绩的依据,并作为年终红利奖励的根据。

"重难点问题攻关看板"的模板见下图。

重难点问题攻关看板模板

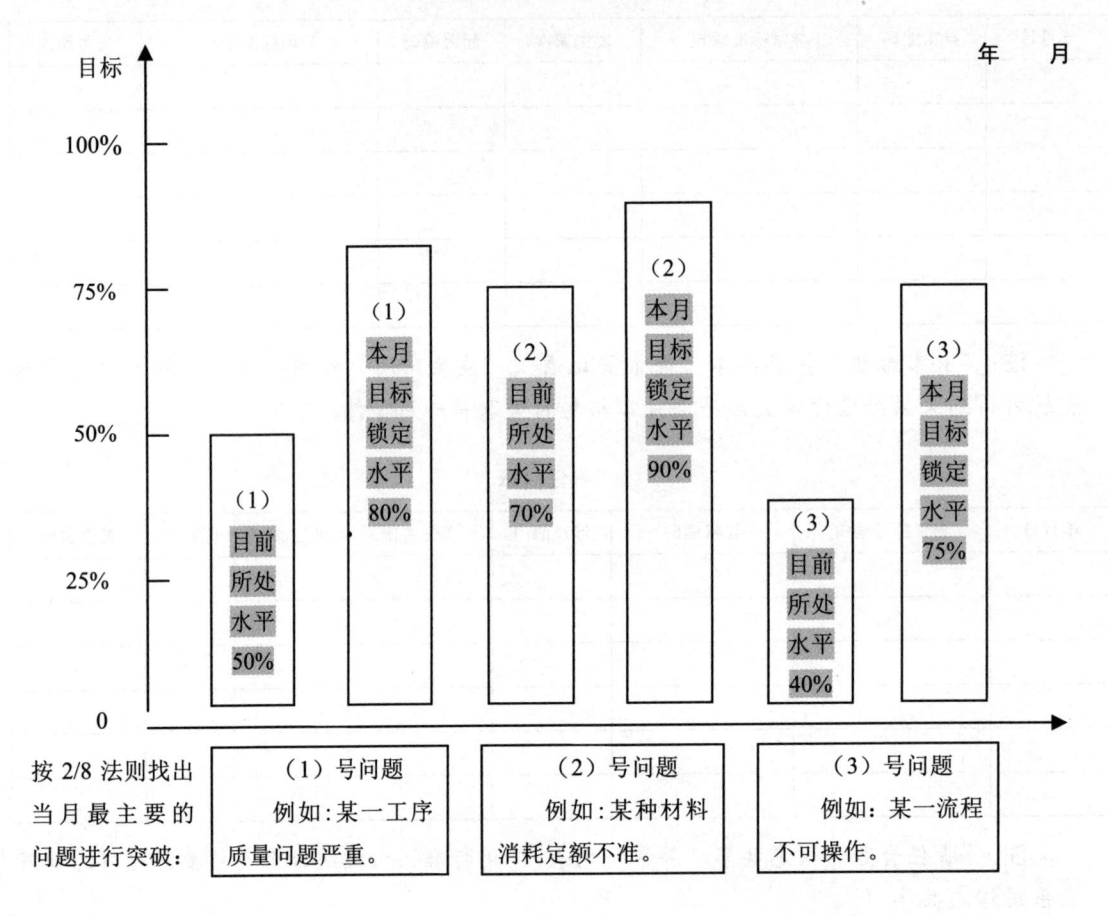

年　月

（图示：柱状图，纵轴为目标百分比，0、25%、50%、75%、100%）

- （1）本月目标锁定水平 80%；（1）目前所处水平 50%
- （2）本月目标锁定水平 90%；（2）目前所处水平 70%
- （3）本月目标锁定水平 75%；（3）目前所处水平 40%

按 2/8 法则找出当月最主要的问题进行突破：

（1）号问题	（2）号问题	（3）号问题
例如：某一工序质量问题严重。	例如：某种材料消耗定额不准。	例如：某一流程不可操作。

看板内容见下表。

看板内容年月

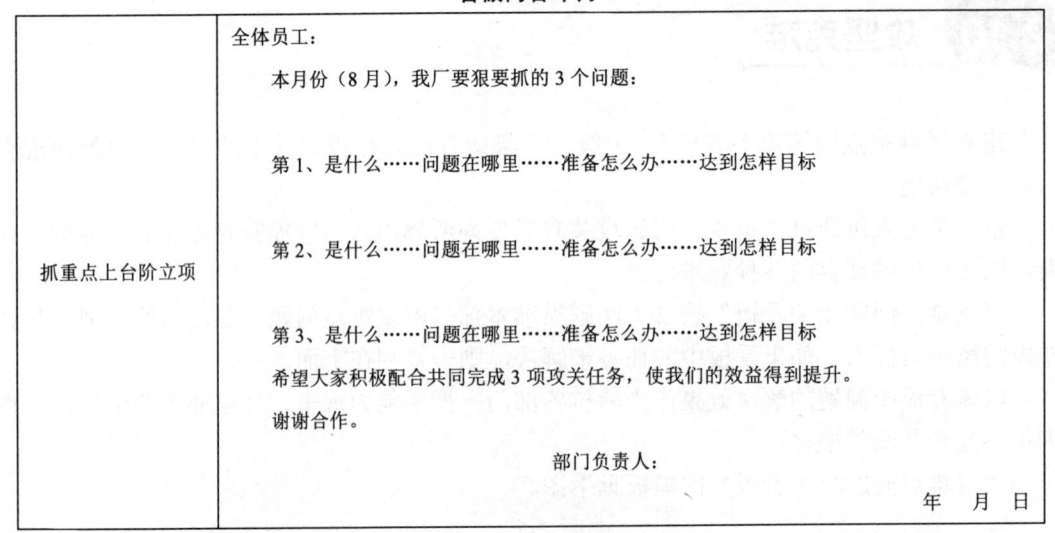

抓重点上台阶立项	全体员工： 本月份（8月），我厂要狠要抓的 3 个问题： 第 1、是什么……问题在哪里……准备怎么办……达到怎样目标 第 2、是什么……问题在哪里……准备怎么办……达到怎样目标 第 3、是什么……问题在哪里……准备怎么办……达到怎样目标 希望大家积极配合共同完成 3 项攻关任务，使我们的效益得到提升。 谢谢合作。 　　　　　　　　　　　　　　部门负责人： 　　　　　　　　　　　　　　　　　　　　　　年　月　日

整改措施表见下表。

<table>
<tr><td colspan="3" align="center">整改措施表</td><td align="right">第　页</td></tr>
<tr><td colspan="2" align="center">改善措施</td><td colspan="2">提案编号：</td></tr>
<tr><td colspan="2">发起人提议：</td><td colspan="2"></td></tr>
<tr><td colspan="2"></td><td colspan="2">署名：　年　月　日</td></tr>
<tr><td colspan="2">相关者意见：</td><td colspan="2"></td></tr>
<tr><td colspan="2"></td><td colspan="2">署名：　年　月　日</td></tr>
<tr><td colspan="2">直接领导意见：</td><td colspan="2"></td></tr>
<tr><td colspan="2"></td><td colspan="2">署名：　年　月　日</td></tr>
<tr><td colspan="2" align="center">改善措施提</td><td colspan="2">案编号：</td></tr>
<tr><td colspan="2">发起人提议：</td><td colspan="2"></td></tr>
<tr><td colspan="2"></td><td colspan="2">署名：　年　月　日</td></tr>
<tr><td colspan="2">相关者意见：</td><td colspan="2"></td></tr>
<tr><td colspan="2"></td><td colspan="2">署名：　年　月　日</td></tr>
<tr><td colspan="2">直接领导意见：</td><td colspan="2"></td></tr>
<tr><td colspan="2"></td><td colspan="2">署名：　年　月　日</td></tr>
</table>

注：可根据需要设定该表的页数。

使用方法如下。

（1）若按 2/8 法则能解决 20%的关键问题，即可收到 80%的成效。在具体做法上，要求各部门主管每月初提出 2～3 项看板管理提升任务。上级负责人要向部门负责人了解详细的立项说明和解决方案，要求必须用可量化的数据与事实陈述。

（2）如果本月立项的任务尚未彻底完成达标，则下个月继续保留在"重难点问题攻关看板"中，直到彻底达标为止。

（3）当目前的主要矛盾解决后，原来的次要矛盾就会上升为主要矛盾，继续进行新的看板任务立项。

（4）将此方法推广到每一位主管级以上人员，开展实施"主动改善管理活动"。

（5）人力资源部可协助各单位建立电子文档，便于相关人员的操作及信息共享。

（6）帮助各部门负责人不断积累解决重难点问题的方案，以利于不断提高每个人的执行力和担当能力，确保上级交给的各项工作任务能够顺利完成。

只要企业的每一位员工都能怀着积极心态，敢于直面重难点问题，不断立项攻克，并且持之以恒，可以收到两方面的效果，一方面可逐步攻克企业发展中的重难点问题，保证企业生产经营有序进行，另一方面有利于提高管理团队的综合能力，增强企业凝聚力。

2.11 抓管理 7 个维度

1. 组织建设

（1）组织建设非常重要，从核心价值观到市场定位，到目标战略，到健全组织，到绩效管理，到 PDCA 循环，都必须给予高度重视。

（2）要对岗位及其工作标准进行认真研究、不断优化，完善工作任务、达标标准、前提条件、输出成果、考核标准、任职资格设计。

（3）要营造风清气正的良好氛围，人人恪尽职守，人人不断进取，人人互帮互学，形成"我为人人，人人为我"的人际关系。

2. 流程优化

（1）主业流程非常重要，事业→事件→环节→工作→前提→操作→成果→标准→要求→注意→提警→后果→担责，都必须编制成文固化下来，并不断完善。

（2）要建立系统流程自查反馈机制，及时按照规定要求跟进解决随时出现的异常，处置并公布造成的不良后果。

（3）形成对事不对人的处理问题氛围，对因人为原因出现失误的员工要严肃批评教育，使其认识到失误给企业带来危害，以防类似的事情再次发生。

3. 管理模式

（1）必须高度重视管理模式的构建与完善，只有形成有效的模式，才能更利于内部各部门及岗位有效地履行职责。

（2）将模式结构化、目标化、功能化、流程化、作业化、标识化、时限化、规范化、标准化、可视化，作为系统总体设计时参照。

（3）要高度重视管理信息系统的建立，由于信息系统本身的逻辑特性，利于提高管理模式的可行性，更利于管理模式的实操性。

4. 定制系统

（1）一定要定制本企业的管理系统，不断地通过系统建设提高全员的管理素质，因为系统建设本身就是遵守规范的全员实践。

（2）信息系统属于高科技，企业要把信息化看成是引进科技发挥其作用的重要举措，用管理信息系统提高生产力。

（3）信息系统是企业与市场及供应链连接的通道，当今世界已进入信息化时代，企业所有商务活动必须依托信息系统来承载。

5. 激励进取

（1）企业要想做强做大必须遵循共赢原则，这已经不是仅挂在嘴上的"口号"，而是需要企业老板由衷地真正去做的头等大事。

（2）民企低效率高成本的危机正在加剧，根本原因就在于10几年来的人工成本提高了近10倍，而人均劳产率基本没有明显变化。

（3）缺乏科学管理是导致效率低下的直接原因，员工切身利益未与效率挂钩使其缺乏积极性，推行计件、激励、共赢已势在必行。

6. 文化巩固

（1）人的价值观决定其行为，人的信念决定其行为强度。文化建设是国家为倡导人民群众树立崇高信仰和文明道德行为规范，在思想和精神领域所开展的各种宣传教育活动及其成果，涵盖了中华民族悠久文明历史的丰富内涵。

（2）企业要想把员工团结起来按照所制定的目标与战略有效地开展工作，就必须使大家心往一处想，劲往一处使，为此就要依靠企业文化建设作为思想与精神支柱。

（3）企业文化要在社会主义核心价值观基础上，建立起企业老板与员工之间真诚合作、荣辱与共的共赢价值观，并能时时处处体现出来，让员工确信企业对员工是负责、公正、友善的，由此愿把企业当成家，把企业目标当成所有人的共同目标。

7. 共赢分享

用现场管理、物流管理、投入产出、组织绩效形成运营机制。
用工序计件、按劳分配、损失分担、多劳多得形成共赢机制。
用投入产出、确保利润、超额分享、长期共存形成红股机制。
用客户至上、保障供应、不断改善、共同发展形成合作机制。
用满足市场、全员分享、国家增收、社会和谐形成共享机制。

2.12　20 个系统框架

在 3 纵 4 横的 20 个系统中，虽有"山"中的"管理金三角"，"水"中的"生产金三线"（即"物流金三角"），但其他系统也各有其作用。如果我们能将 20 个系统全部用 SaaS（Software as a Service，软件即服务）方式推广到国内广大企业，则对全面提升中国企业管理水平再上新台阶意义非凡。

1. 组织管理系统

（1）组织：部门、岗位、编码（2）分工：职能、职责、资格
（3）人事：入职、调动、离职（4）动态：现任、历任、现状
（5）事业：主业、流程、工作（6）责权：事项、责任、权限
（7）工作：输入、操作、输出（8）标准：条件、要求、达标
（9）管控：岗位、对象、内容（10）方式：领导、审核、统计
（11）环境：生态、竞态、优劣（12）战略：目标、战略、预期
（13）分解：任务、要求、达标（14）实施：现状、趋势、评价
（15）临时：任务、指派、要求（16）定编：岗位、工作、负荷
（17）系数：专业、难度、强度（18）建议：部门、岗位、内容
（19）改善：回复、分析、处置

2. 项目管理系统

（1）提出立项（2）立项审核（3）确立目标（4）确立事件（5）确立关联
（6）明确分工（7）匹配资源（8）整体规划（9）执行统计（10）节点管控
（11）异常分析（12）对应措施（13）调整规划（14）闭环监控（15）项目结束
（16）项目总结（17）个人业绩（18）经验积累（19）建立规范（20）不断提升

3. 运营管理系统

（1）资产：结构、回报、指标（2）筹资：借款、还款、付息
（3）费用：科目、分工、预算（4）目标：产品、指标、平衡
（5）计划：分月、复核、审定（6）实施：执行、统计、报表
（7）超标：超支、折扣、盈损（8）偏差：±差、影响、措施
（9）反馈：未完、不符、警示（10）效果：达成、分析、评价
（11）占用：材料、在制、成品（12）收支：应收、应付、核算
（13）实际：实收、实付、决算（14）现金：期初、收支、期末
（15）变更：期初、增减、期末

4. 运行管理系统

（1）组织：部门、岗位、编码（2）运作：工作、任务、达标
（3）临时：任务、指派、要求（4）工作：来源、内容、达标
（5）文件：分类、编写、初审（6）批准：修改、复审、定稿
（7）会务：申报、纪要、审批（8）管控：归档、执行、跟进
（9）办公：自理、配合、提示（10）异常：未完、不符、警示
（11）牵涉：影响、分析、预计（12）承诺：目标、时限、指标
（13）尽职：结果、追责、措施（14）结论：定论、评价、反馈
（15）改进：立项、决定、推送

5. 绩效管理系统

（1）组织：部门、岗位、编码（2）分工：职能、职责、现任
（3）事业：主业、流程、工作（4）标准：要求、条件、达标
（5）战略：目标、战略、预期（6）分解：任务、要求、达标
（7）工作：来源、内容、达标（8）会务：会议、纪要、贯彻
（9）异常：未完、不符、警示（10）波及：影响、分析、预判
（11）尽职：追责、措施、跟进（12）结论：结果、评价、处理
（13）考核：标准、扣分、评语（14）备案：岗位、任职、评价

6. 知识管理系统

（1）业务分类（2）工作分类（3）行业知识（4）企业知识（5）个人知识
（6）提炼立项（7）知识提炼（8）规范存档（9）指导运用（10）在线动态
（11）成果总结（12）分享体会（13）更新知识（14）完善建档（15）贡献名录

7. 质量管理系统

（1）标准解析（2）现状调研（3）过程识别（4）体系设计（5）资源管理
（6）运行监控（7）发现异常（8）纠偏改错（9）存档共享（10）管理评审
（11）纠正预防（12）持续改善（13）外部评审（14）制定措施（15）评审打分
（16）成果归档（17）提升研讨（18）持续改善（19）完善体系（20）PDCA 循环

8. 人力资源管理系统

（1）组织建制（2）岗位管理（3）资源评估（4）薪酬管理（5）招聘管理
（6）培训管理（7）人事管理（8）职业生涯（9）劳资关系（10）定期评价
（11）合同管理（12）社保管理（13）工伤管理（14）考勤管理（15）档案管理

9. 行政管理系统

（1）组织建制（2）制度管理（3）资产管理（4）印鉴管理（5）接待管理
（6）安全管理（7）食堂管理（8）环卫管理（9）大事管理（10）档案管理

10. 文化管理系统

（1）创业回顾（2）企业精神（3）发展愿景（4）经营理念（5）方针目标
（6）战略部署（7）改革思路（8）人才培养（9）树立标兵（10）民主参与
（11）表彰先进（12）文化生活（13）档案管理（14）企业标识（15）企业之歌

11. 产品管理系统

（1）市场定位（2）产品定位（3）品牌系列（4）产品定义（5）产品功能
（6）产品寿命（7）产品价格（8）单位费用（9）产品贡献（10）产品组合
（11）供求分析（12）产品规划（13）产品设计（14）标准管理（15）图纸管理
（16）样品管理（17）物料管理（18）BOM 清单（19）定额管理（20）费用管理

12. 工艺管理系统

（1）产品定义（2）结构零件（3）工艺定义（4）工序定义（5）产品工艺
（6）制品工序（7）工序设备（8）工序工时（9）工序工价（10）工序 BOM
（11）工序图纸（12）工序质量（13）工序检验（14）工序刀具（15）工序模具
（16）工序器具（17）工序费用（18）工序产能（19）临时工艺（20）工艺档案

13. 设备管理系统

（1）组织建制（2）设备定义（3）设备编号（4）调入年月（5）调出年月
（6）设备岗位（7）岗位工资（8）岗位工价（9）设备工费（10）转换工时
（11）制造厂家（12）设备原值（13）原值累加（14）使用年限（15）启用年月
（16）已用时间（17）折旧台账（18）事故台账（19）维修台账（20）配件台账
（21）设备产能（22）产能余缺（23）报废台账（24）设备申购（25）采购台账

14. 客户资源管理系统

（1）客户信息（2）产品组合（3）产品进价（4）产品售价（5）产品毛利
（6）销售记录（7）费用构成（8）盈亏平衡（9）盈利目标（10）下单台账
（11）物流台账（12）资金占用（13）售后台账（14）费用支出（15）运营业绩
（16）运营分析（17）改善建议（18）业绩排名（19）盈利排名（20）发展态势

15. 现场管理系统

（1）组织定义（2）工艺定义（3）设备配置（4）设备工序（5）产品定义
（6）产品结构（7）产品工艺（8）制品工序（9）工序工时（10）转换工时
（11）移动批量（12）转序时长（13）工序工价（14）工序计划（15）计件计划
（16）投料计划（17）辅具计划（18）交接计划（19）完工统计（20）计件统计
（21）工资台账（22）在制管控（23）报表分析（24）现场区划

16. 物流管理系统

（1）物料定义（2）商家信息（3）合同管理（4）定价记录（5）供货批量
（6）订货周期（7）计划提前（8）储备标准（9）物料需求（10）采购订货
（11）退货记录（12）采购结算（13）资金台账（14）累计供货（15）所占比重
（16）评价商家（17）收发记录（18）超领记录（19）物料台账（20）定位存储
（21）先进先出（22）追溯流程（23）库存盘点（24）损益记录（25）改善措施

17. 标准定额管理系统

（1）事项定义（2）内容定义（3）指标定义（4）达标定义（5）主体定义
（6）责任定义（7）作用定义（8）发生定义（9）成本定义（10）工作定义
（11）执行定义（12）管控定义（13）跟踪执行（14）稽核异常（15）追溯责任
（16）限期改善（17）优化定义

18. 成本管理系统

（1）主体定义（2）对象定义（3）科目定义（4）责任定义（5）栏目定义（6）用量定义（7）核算定义（8）流程定义（9）结果定义（10）执行定义（11）账目定义（12）记账规则（13）单据定义（14）填单规则（15）传递规则（16）记账核算（17）管控差异（18）核算成本（19）稽核异常（20）追溯责任（21）纠正偏差（22）提供决算（23）不断改善

19. 财务管理系统

（1）主体定义（2）业务定义（3）账套定义（4）科目定义（5）单据定义（6）制单定义（7）审批定义（8）记账定义（9）结果定义（10）分工定义（11）责任定义（12）执行定义（13）填制单据（14）单据审核（15）操作过账（16）单据归档（17）按时结账（18）完成报表（19）针对异常（20）追责考核（21）指导完善

20. 卓越绩效管理系统

（1）组织领导（2）内外环境（3）优劣分析（4）发展远景（5）目标战略（6）社会责任（7）资源管理（8）完善流程（9）健全体系（10）目标细化（11）制定规划（12）规划实施（13）资源投入（14）过程监控（15）产出成果（16）数据测量（17）分析处理（18）做出结论（19）评估效果（20）成果分享（21）绩效考核（22）改进策划（23）实施计划（24）执行落实（25）PDCA循环

2.13 民企如何才能快速发展

2.13.1 必须建立共赢机制

1. 企业收益最大化

人均劳产率最佳、供产销业绩最佳、各方合作收益最佳、投资回报率最佳。

2. 各方利益最大化

人才价值最大化、劳动回报最大化、客户满意最大化、股东收益最大化。

3. 共赢机制做保障

组织分工科学高效，资源投入合理充分，责权利机制完整到位，全面贯彻运营机制，严格遵循奖罚机制。

2.13.2 必须建立管理体系

1. 建立指标体系

要实现以上各项最大化目标必须建立指标体系，包括利润指标、费用指标、产品贡献率指标、两个部分产品贡献指标（费用贡献指标、利润贡献指标）、销售指标。将各项指标分月落实，越明确、越现实、越具体、越细分、越可行越好。

2. 建立投入产出管理

企业的运营指标全部可由投入产出模式承载并体现，所有费用（含折旧）归为投入；产出指收入。产品单价、变动费、贡献、贡献率、总费用、总销量都是关键指标。按量本利逻辑，首先用其他费用核定盈亏平衡点销量，然后查看剩余销量可实现多少贡献额（利润）。要反复测算平衡，最终确定全年各项运营指标，再将其分解到月，进行实际运营管控。

3. 建立现场管理

（1）生产现场是企业的命脉（研发、销售、资金、人才同样是命脉），同时又都处于最薄弱、最难搞的境地，这正是许多企业放弃实业的重要原因。

（2）生产现场是企业直接创造价值的场所，即源头。现场中的人、机、料、法、环这5大生产要素构成创造价值的源泉，对其加强管理就显得尤为重要。

（3）现场管理从整理、整顿、清扫、清洁、素养5S增加到7S（增加安全与节约）。

（4）管理难点在如何协调好各大要素的运行，而仅依靠"7S管理条例"很难奏效。虽然其形式规范，但现场物件变动很难把握，直接会影响生产效率的发挥。

（5）说到底还欠缺两个办法：一如何动态管好5大要素，二如何调动起工人积极性。

（6）经过多年实践总结，笔者设计的"现场管理模式"（即精益生产管理系统）可有效解决以上2大难题。

（7）现场管理模式的核心是编制"全工序计划"即"机台作业计划"，带出"计件计划""投料计划""辅具计划""交接计划"，驱动5大生产要素实现同步运行。

（8）这5个计划给现场5大要素标明了具体对象、数量、位置、起止时间、作业内容的精准指令信息，使7S管理的内容具体、精准、动态、有序。

（9）由于5大要素有了5个计划的精准指令，就能够充分保证调动工人积极性，准确按工艺要求操动现场各种物件，确保5个计划能够彻底执行到位。

注：现场管理中5个计划，即工序"全要素计划"。

4. 建立按劳分配制度

（1）一线工人是企业创造价值的主体，他们的有效劳动时间形成价值，在扣除工资后就是为企业创造的利润。

（2）一线工人的工序工时是可测定的，而实际劳动所用的工时却相互有别，会相对延长或缩短。由此决定了实际创造的价值量，即一线工人的积极性是影响劳产率高低的关键因素。

（3）由于民企基本都没实行全工序作业计划，因此存在巨大的"工时黑洞"，即生产工时普遍的浪费。即便有了这个计划，还要看一线工人有没有劳动的积极性。

（4）对于一线工人来说，实行计件制最利于调动人的积极性，能很快接近平均先进的劳产率水平，甚至还可能突破，这是缩小与发达国家人均劳产率差距的最有效手段，所以必须建立一线工人计件制，让每一个想通过劳动增收的工人能实现多劳多得。

（5）真这样做的企业一定能焕发出强劲的生命力，劳动力红利一定会再次涌出，使员工与企业、顾客、国家实现共赢，这是一件百利而无一害的大好事。

（6）质量与数量是统一整体不可分割，计件必须以生产合格品为标准，返工1件产品的耗时是生产1件产品的5～10倍，趋利避害会促使员工保证质量。

5. 建立物流管理制度

（1）生产现场的"物"可分为6类，一是设备、器材（相对固定），二是刀具、模具、工装、工具、量具（工序专用），三是工位器具、容器（存放物料、在制品），四是原材料、辅料、外购件，五是在制品（零件、部件、半成品），六是完工成品（待入库）。

（2）直接构成产品实体的主要是主料、零部件，辅料会随着工序完工而消耗掉。

（3）直接构成产品实体的物件具有加工组合以及在工序间随即移动两大特征。

（4）产品的原料、外购件单位用量金额，构成产品单位材料标准定额费用（辅料一般归入其他费用），即单位变动费中的料费。

（5）原料、辅料、外购件，这3种物料先要采购合格入库，经仓库备料发到生产现场，构成产前物流，加上生产过程中在制品物流，构成企业内部的完整物流。

（6）必须建立物流管理模式，包括"投料计划""发料表""采购计划""入库验收单""仓库台账""缺料表""仓库盘点表""工序在制品台账""工序盘点表"，就构成完整的物流管理。

（7）"辅具计划"和"辅具采购计划"等可比照内部完整物流模式进行管控，现场工位器具及容器的管理同样重要，包括为补充自制用具的物流管理都可建立管控台账。

（8）现场管理模式+物流管理模式形成企业的"纵向物流系统"，它是工业2025中一个重要领域。

6. 建立绩效管理

（1）企业的运营结果就是绩效，也是团队运营优劣的标志，只有抓住企业的运营主线，才能够搞好绩效管理。

（2）绩效要用指标来衡量，指标可以分为运营指标和管理指标，后者要保障实现运营指标。

（3）针对每项指标要制定前提、标准、考核办法、奖惩规则，并按组织分工及岗位职责分配到各部门及岗位中落实。

（4）搞好绩效管理的主线就是投入产出+现场管理+物流管理，这 3 套模式已包含各部门和岗位的工作任务与达标标准，通过模式内在逻辑可将相关岗位责任人的工作优劣及影响做出动态显示。

（5）绩效管理需要过程管控，把正确的事做对狠抓异常处置，是取得绩效业绩的保障，前提是科学合理地设计组织及岗位，以确保各项工作都有人做，并且有明确的达标标准与考核标准。

（6）绩效管理凡是出现问题无非两方面原因：要么事没做好，要么组织设计有缺陷。

（7）绩效管理还包括消防安全、厂区保卫、环境卫生、食堂管理、住宿管理、工青妇管理、业余文化生活管理，这些管理同样需要与责任部门及岗位的任职者挂钩评价其优劣，使每个人都能发挥其作用。

2.14 民企如何实现快速发展

2.14.1 必须实施精细精益管理

1. 精细是精益的基础

精细就是要面面俱到，细致入微，一丝不苟。舍此不能达到系统、周密、完整、有效，无法建立坚实的管理基础。

精益则要求资源与目标相匹配及运营效果都能达到相当精确的程度，其投入资源必须与要达到的功效紧密相符，必须做到不缺、不重、不漏。

所以运营必须以精细管理作为支撑，确保每项指标、任务、工作、要求、标准、达标都有明确细致的规范，以保障组织运营维护的成功。

2. 精益是精细的目的

精益是指企业能够精准有效地运营，通过投入必要的资源达到最佳收益。投入产出比值高，对经济和社会都有积极的贡献和影响。

获得最佳经营成果是所有运营活动及相关管理的目的，只有这样企业才能不断地发展，也才能不断地为社会做出贡献。

精细管理是否有效要以运营所达到的精益程度来衡量，一味地求细反而会过度，会使成本升高背离精益，因此要做到恰到好处。

3. 从精细做到精益

民企缺失管理的问题比比皆是，所以必须先从健全管理入手，针对销技供产财人行各部门的业务工作开展自查。

对工作中的空缺、断点、含混、错误、冲突、重叠等现象进行逐个梳理分析，实事求是地用专业和正确的方法更正补强。

一切管理举措都要围绕运营目标按工作规范展开，用精细化管理为精益运营打好基础、准备好条件、制定好规则，促其顺利实现。

精益就是精准效益，基础是正确与精细。要健全必要前提、规范必要逻辑、精确必要过程，像丰田公司那样在必要的时间、必要的地点、提供必要的产品及数量。如马克思所说用社会必要劳动时间生产出市场上需要交换的商品，它既具有使用价值又具有交换价值。

2.14.2 实施精细精益管理环节

1. 切实做好定位

（1）确定服务的对象及其需求。

（2）了解同业中企业的经营状况，找出处于同等水平的竞争对手，了解其产品、客户、经营状况，对比关键指标，找出优劣势与差异。

（3）制定营销策略，包括产品策略、价格策略、渠道策略、销售策略。

2. 统筹组织设计

（1）根据自身的市场定位与产品定位，健全组织及分工。

（2）围绕实现经营目标来健全所需要的部门及职能、岗位及职责。各部门及岗位的职能与职责必须能交织成为完整的有机整体，切实能为实现企业的经营目标和发展战略保驾护航。

（3）做到所有部门及岗位能协调一致地实施各项业务，实现营销目标，满足客户达到双赢。

3. 精准业务流程

（1）业务流程是各部门及岗位的业务运行逻辑与实现步骤。

（2）逻辑必须客观正确，步骤必须科学严谨，检验标准是整个企业运营能够保持顺畅高效。

（3）健全流程中的反馈机制，形成科学有效的闭环，以确保整个组织职能与职责切实发挥作用。选择正确的事并把事做对，而且能够不断接收市场反馈信息做出快速调整。

4. 运用系统模式

（1）管理模式非常重要，做任何事都要采用一定的方式方法，成型后就是所谓模式。

（2）笔者研究多年总结得出的"投入产出""现场管理""物流管理""异常管理""组织绩效"5个模式对制造型民企具有普遍的指导作用，分别用于解决高层运营决策与管控、生产全工序全要素计划使功效最大化、精准物流保障生产避免浪费、异常管理兜底所有问题、组织保障绩效达成。

（3）这5套管理模式有利于民企快速走上科学管理之路，是中国式管理体系。

5. 加强执行力度

（1）行胜于言，这是清华校训的精髓。任何再好的模式不去应用等于零，执行力就是行动决心+执行力度。

（2）一切事项成也执行、败也执行。关键在于是否正确并不折不扣地执行与执行力度的大小——是坚决强有力地去执行了，还是半推半就，还是根本没有执行？

（3）不做没有结果，做错有坏结果，假做有空结果，真做并且做对才会有好成果。

6. 做好数据统计

（1）运营中的数据统计非常重要，可惜绝大多数民企在这一方面却都忽视了。

（2）数据统计要按管理模式中的计划指标及完成时点进行，是对完成结果的检验。

（3）数据统计可实现对计划执行结果的反馈，使运行机制发挥应有功效，推动运营周而复始。

（4）数据统计价值还在于通过数据的积累与分析，从中找到运营中存在的问题、原因、规律，利于指导相关部门及岗位进行整改不断精进。

7. 及时全面反馈

（1）反馈机制在人类所有活动中都处于十分重要的地位，反馈就是人们对预先的想法或计划通过实践后证明是对还是不对。

（2）这对人们的后续想法或计划会起到增强或矫正的作用，以保证人们的行动能够朝着有利的方向前进。

（3）反馈同样需要有模式，需要采取规范操作，这样才能确保正确无误、高效实现。只有能够实现全面反馈，才不失完整，才利于正确决策。

8. 不断校准优化

（1）当企业或个人收到对前次计划或设想经过实施后的结果反馈时，自然会认识到这一计划是否客观准确，这对于企业或个人继续制定计划会起到"校对"或"校准"的作用，可以在采取新的计划时做得更加客观合理，可行性得以提升。

（2）经过不断反馈"校准"，必然会对民企的方方面面工作产生积极影响和促进，各部门及岗位会主动改进工作提高绩效。

（3）高效反馈是精细化的基本要求，而"异常管理模式"能最有效地反馈问题所在，在贯彻各项要求中抓出不符点，追根溯源督促相关人员尽责，以求确保实现绩效目标。

9. 精细精益管理示意

见下图。

第 2 部分　分享 ZL 管理模式

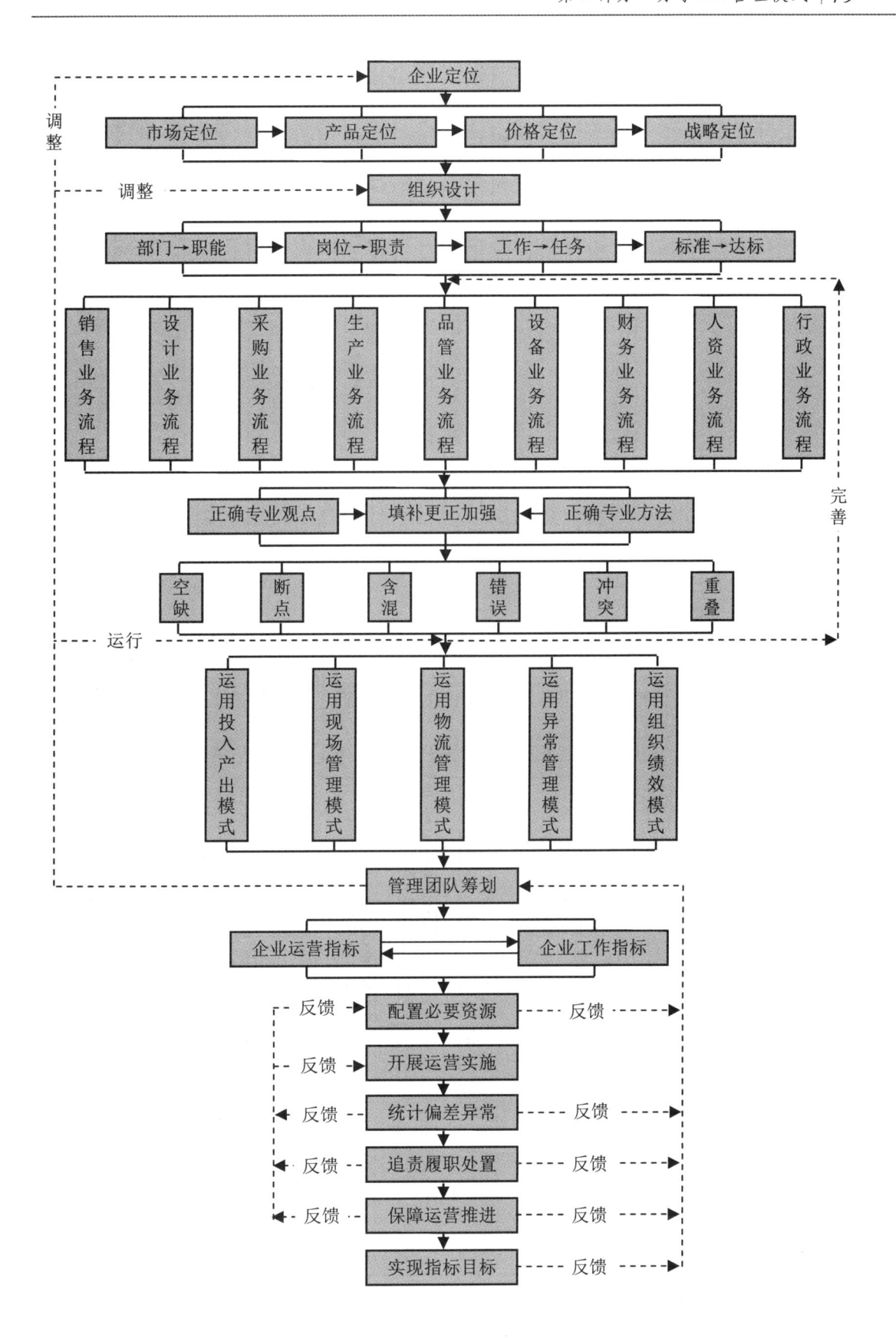

```
                         ┌─────────┐
                         │ 企业定位 │
                         └────┬────┘
       ┌──────────┬──────────┼──────────┬──────────┐
   ┌───┴────┐ ┌───┴────┐ ┌──┴─────┐ ┌──┴─────┐
调 │市场定位│→│产品定位│→│价格定位│→│战略定位│
整 └────────┘ └────────┘ └────────┘ └────────┘
                         ┌────┴────┐
调 ─────────────────────→│ 组织设计 │
整                       └────┬────┘
       ┌──────────┬──────────┼──────────┬──────────┐
  ┌────┴────┐ ┌───┴────┐ ┌───┴────┐ ┌───┴────┐
  │部门→职能│→│岗位→职责│→│工作→任务│→│标准→达标│
  └─────────┘ └────────┘ └────────┘ └────────┘
```

（业务流程）销售业务流程　设计业务流程　采购业务流程　生产业务流程　品管业务流程　设备业务流程　财务业务流程　人资业务流程　行政业务流程

正确专业观点　→　填补更正加强　←　正确专业方法

空缺　断点　含混　错误　冲突　重叠

运用投入产出模式　运用现场管理模式　运用物流管理模式　运用异常管理模式　运用组织绩效模式

管理团队筹划

企业运营指标　⇄　企业工作指标

反馈 — 配置必要资源 — 反馈
反馈 — 开展运营实施 — 反馈
反馈 — 统计偏差异常 — 反馈
反馈 — 追责履职处置 — 反馈
反馈 — 保障运营推进 — 反馈
　　　 实现指标目标 — 反馈

（左侧标注：调整、运行）　（右侧标注：完善）

79

10. 精细精益管理实例

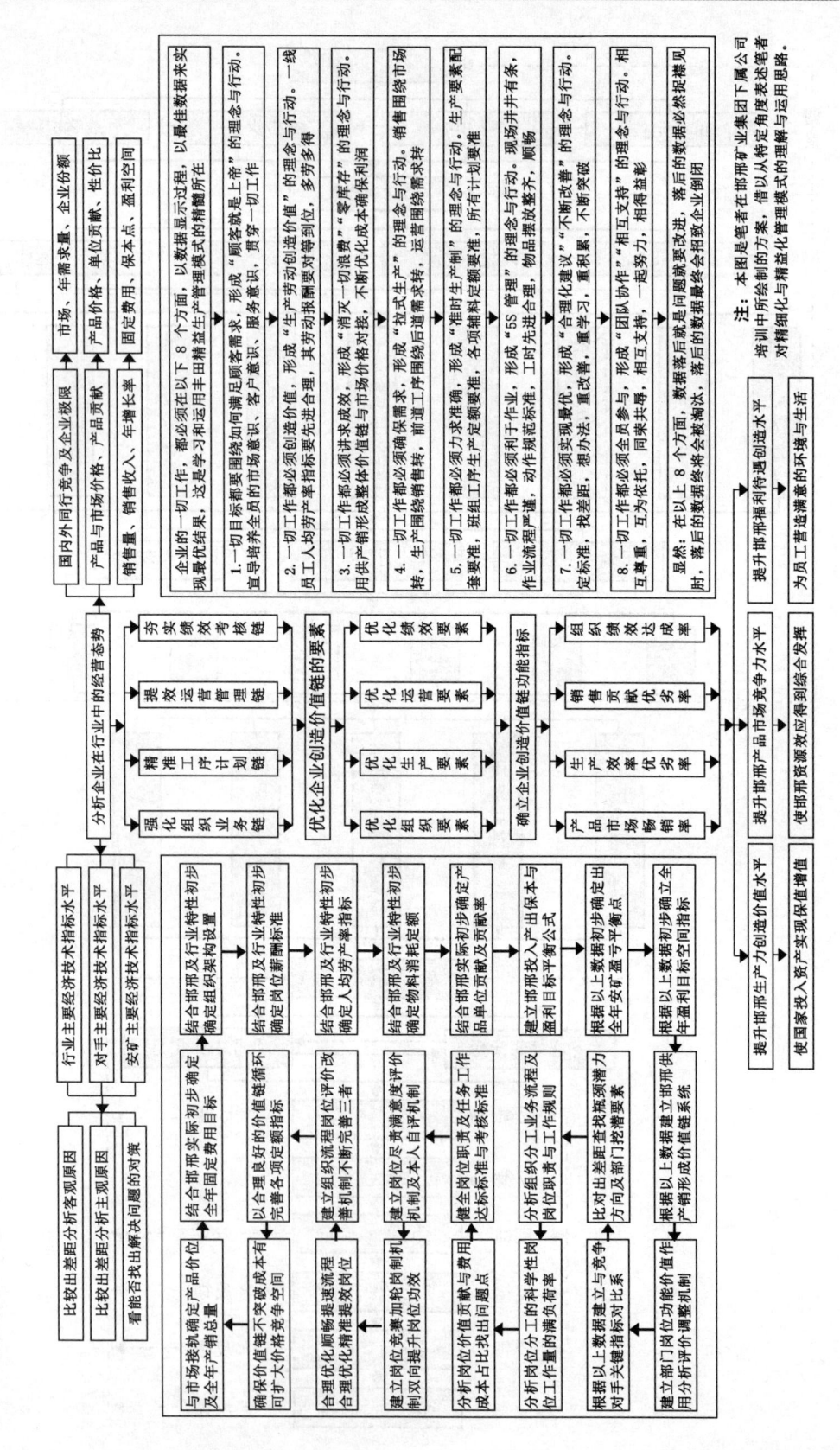

2.14.3 必须采用投入产出模式

1. 量本利盈亏平衡法

笔者将西方管理会计中的经典算法，即量本利盈亏平衡法运用到企业运营管理中来，以打造"投入产出运营管理系统"可实现：制定全年利润目标、费用预算、销售贡献及贡献率、综合平衡，指标分月、完成统计、偏差分析、相应措施、年终决算。

该系统可用作企业高层进行新一年度经营计划决策辅助支持系统。还可用于支持实现团队奖励机制，设定必须实现的企业全年利润指标和可奖励团队的超额利润部分，充分调动团队骨干的积极性和创造性，齐心合力共同实现共赢。

量本利盈亏平衡法是该系统的核心，地位非常重要。

见下图。

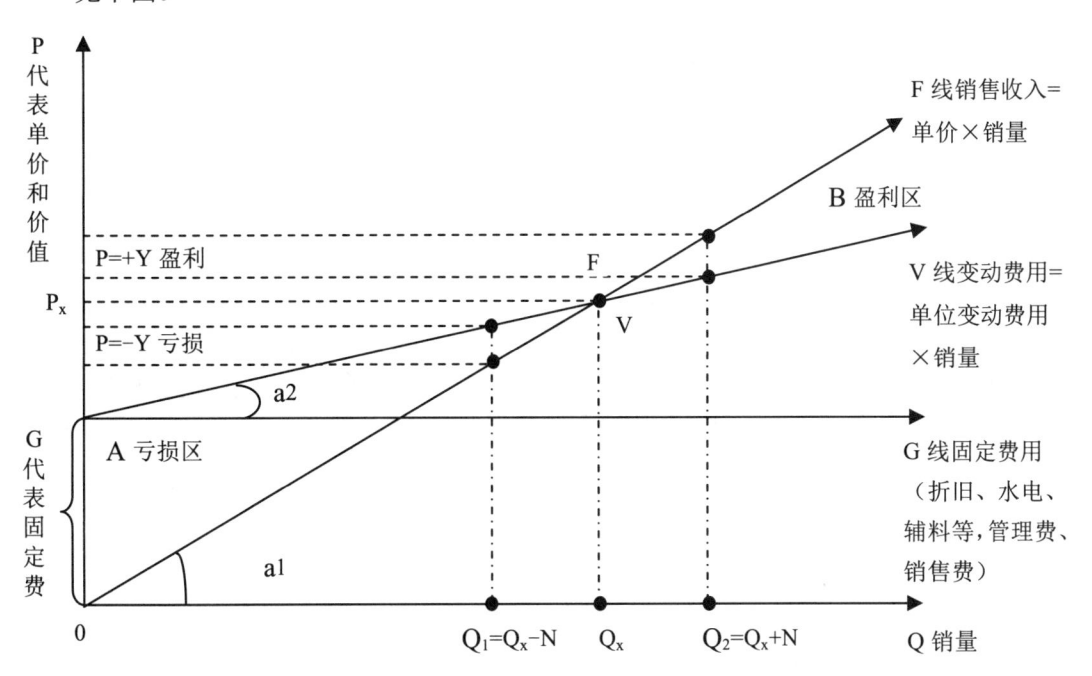

$P=\pm Y$ 盈利或亏损，$Px=Fx=Vx=$ 盈亏平衡点总成本；$Qx=$ 盈亏平衡点销量，$Q1=Qx-N$ 对应 $-Y$，$Q2=Qx+N$ 对应 $+Y$；$A=$ 亏损区，$B=$ 盈利区，一般以 $Fx=Vx$ 交点为分界；G 线=固定费用，V 线=变动费用，F 线=销售收入；$a1=$ 产品单价，$a2=$ 产品单位变动费，$a1>a2$。

当 $a1$ 比 $a2$ 提升更快时 Qx 会向左移，若其他条件不变，总盈利增加，反之亦然；当 G 下降，若其他条件不变，总盈利增加，反之亦然；当销量提升，若其他条件不变，总盈利提升，反之亦然。

要特别注意，当 V 和 G 都能达到业内先进合理水平时，且企业产能又可充分得到发挥，都可以转为产品价值的合理组成部分；否则，就会导致产品成本提高，冲减利润。

2. 投入产出绩效链

见下图。

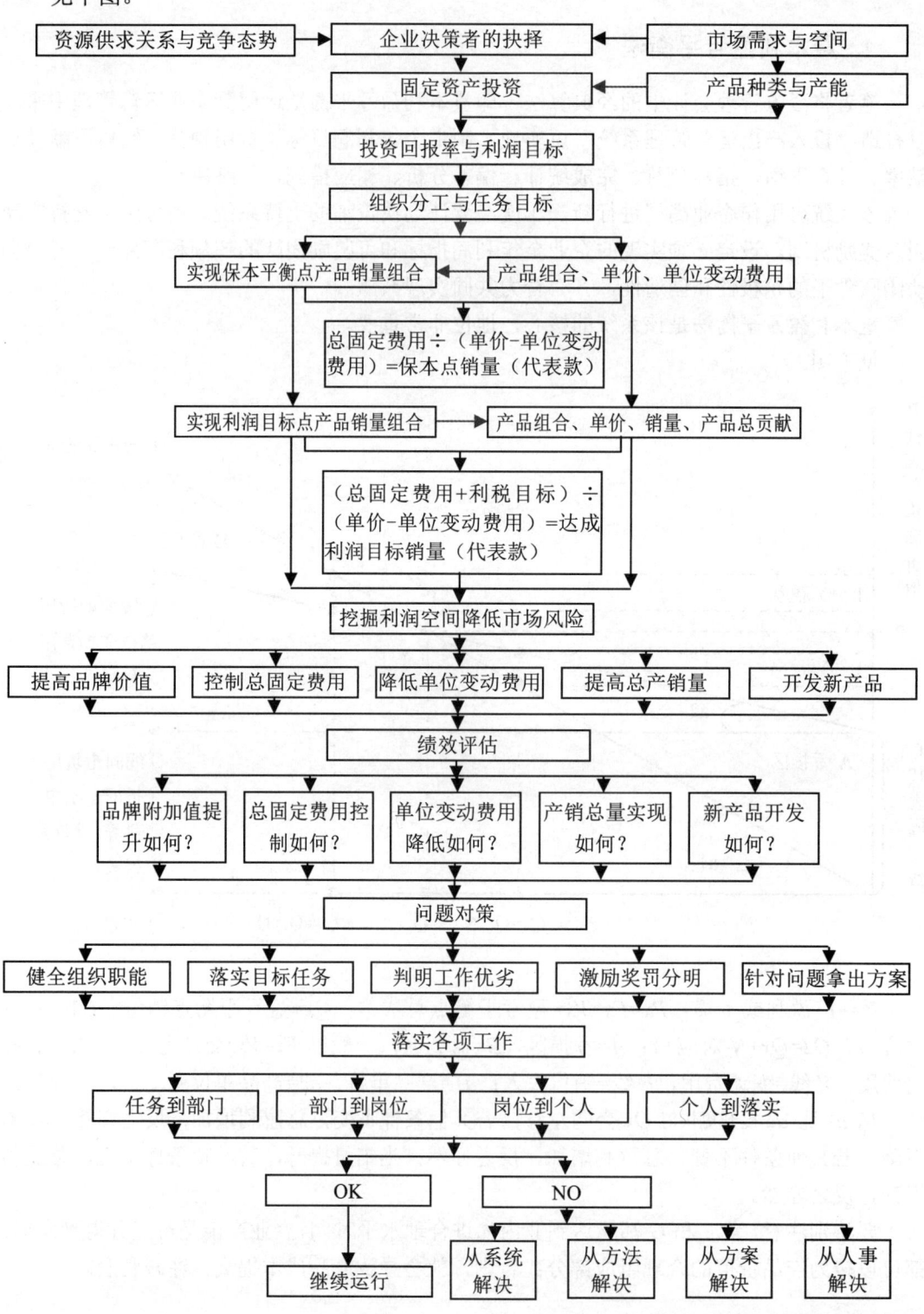

```
资源供求关系与竞争态势 → 企业决策者的抉择 ← 市场需求与空间
                          ↓
                       固定资产投资 ← 产品种类与产能
                          ↓
                     投资回报率与利润目标
                          ↓
                     组织分工与任务目标
                          ↓
              实现保本平衡点产品销量组合 ← 产品组合、单价、单位变动费用
                          ↓
            总固定费用÷（单价-单位变动费用）=保本点销量（代表款）
                          ↓
              实现利润目标点产品销量组合 ← 产品组合、单价、销量、产品总贡献
                          ↓
         （总固定费用+利税目标）÷（单价-单位变动费用）=达成利润目标销量（代表款）
                          ↓
                   挖掘利润空间降低市场风险
      ↓           ↓           ↓           ↓           ↓
  提高品牌价值  控制总固定费用  降低单位变动费用  提高总产销量  开发新产品
                          ↓
                        绩效评估
      ↓           ↓           ↓           ↓           ↓
  品牌附加值    总固定费用    单位变动费用   产销总量实现  新产品开发
  提升如何？    控制如何？    降低如何？     如何？        如何？
                          ↓
                        问题对策
      ↓           ↓           ↓           ↓           ↓
  健全组织职能  落实目标任务  判明工作优劣  激励奖罚分明  针对问题拿出方案
                          ↓
                      落实各项工作
      ↓           ↓           ↓           ↓
  任务到部门    部门到岗位    岗位到个人    个人到落实
                    ↓           ↓
                   OK          NO
                    ↓      ↓    ↓    ↓    ↓
                 继续运行  从系统 从方法 从方案 从人事
                          解决  解决  解决  解决
```

3. 重要的经营理念

（1）总投资决定总固定费用规模。

投资既要做到先进匹配，更要能使其充分发挥应有作用。没有前者无法处于领先优势，没有后者再好的设备技术必将成为企业包袱。很明显，购置先进的设备必须注重快速形成实际产能。

（2）要牢牢把握住盈亏平衡点产销量指标。

固定费用÷（单价-单位变动费用）=盈亏平衡点产销量，如果实际产销量低于该点，则会陷入亏损区。产销量越低，亏损额就会越大。

（3）利润目标由投资总额及行业回报率决定。

利润的具体实现必须要看单位产品所含贡献，即贡献额大小+超过盈亏平衡点的产销量，凭借这两条来确保达成投资回报目标。

利润总额=超过盈亏平衡点产销量×产品单位贡献额。

产品单位贡献额=单价-单位变动费。

单位变动费=单位料费+单位工费。

4. 保证盈利4项必要条件

（1）总投资与总产出的构成必须相匹配，即投入的设备及资产总额必须与相应能生产多高附加值的产品及多少产销量紧密联系起来。

全年总固定费用<[（全年总销售收入-全年总变动费用）即：全年总贡献额]，两者差额=全年利润。

全年总固定费用+全年总利润额=全年总销售收入-全年总变动费用，而影响这4项指标总量的关键因素如下。

- （单价-单位变动费）÷单价×100%=产品单位贡献率，贡献率越高越好。
- 全年总固定费用÷（单价-单位变动费）=全年盈亏平衡点产销量，平衡点产销量占全年总产销量越少越好。
- 全年（总固定费用+总利润）÷（单价-单位变动费）=达成利润目标时的总产销量。
- 总投资对总产销量能否保证？能否生产出所需产品？能否在市场上全部售出？即是否符合市场需要？或能否竞争过对手？

（2）必须努力通过品牌效应提升产品的价格水平，因为在单位变动费不变的情况下，价格越高，单位产品的贡献额就会越大。

（3）必须努力提升总产销量，占到市场份额的5%、10%以至更高，才能在单价和单位变动费不变的前提下增加利润总额。

（4）必须努力降低单位产品中的变动费，即材料费和工人费。材料费主要靠价值工程优化设计、集中采购提高议价能力、限额发料避免浪费来降低；人工费主要靠提高劳产率而不是用降低工人工资加延长工作时间来实现，在这方面企业管理大有可为。

注：为简化公式均以某款产品为代表。

5. 投入产出要义

（1）从投资回报出发确定利润目标，必须确保实现股东的合法收益。
（2）为充分调动骨干团队的积极性，确定奖励团队利润达标分界线。
（3）为实现共赢，销技供产财高管按分工商定具体落实量本利指标。
（4）全年按两类贡献及销售指标实行分月运营管控，务必努力达成。

6. 投入产出规则

（1）以销售统计投入产出成果，包括品种贡献差异及销售折扣让利。
（2）按月对支出费用进行统计，算准预算累计差额，合理予以接受。
（3）按单核定产品变动费，算准入库定额累计偏差，按月调整利润。
（4）按月记录采购物料实价与计划价偏差金额，偏差按月调整利润。
（5）按月统计累加贡献额，抵清同期实际费用，再与利润目标比对。

7. 投入产出意义

（1）股东依据投入产出可总览运营全局，掌握利润指标的完成状况。
（2）骨干团队清晰明了实际运营数据，掌握指标完成进度及偏差值。
（3）固定费用构成产品中的成本具有两面性，要合理投入节约使用。
（4）按费用预算追溯差异缘由，合理接受有错必纠，相应调整指标。
（5）运营中出现的问题必然触发关联岗位追责，推动开展绩效考核。

2.14.4　必须实施全工序计划

1. 企业大都存在惊人的浪费

全员工时的浪费是民企最大漏洞，是导致运营高成本低效率的最直接根源。笔者在北京某家设备制造厂和汕头 3 家轻工机械厂都发现同一个问题，都没有"机台计划"（即全工序计划），只凭产品工艺流转卡及加工图纸生产。据不完全统计这 4 家工厂的工时浪费大约在 50% 左右，尤其在组装阶段更为突出。

2. 推行"全工序机台作业计划"

要堵住全员工时浪费这个漏洞的良策是全面实施精细精益管理，推行"全工序计划"即机台作业计划。

运用现场管理模式，按产品结构、工艺路线、加工设备编制"全工序机台作业计划"，包括零件加工准备工时、机动工时、卸件工时、工序间移动工件时间（可派专人）。可以提供按每个订单的全程生产作业进度计划，工序相连标明准确的起止时间，就可以铲平一直拖慢民企发展的工时"黑洞"，使交货周期可缩短 50%左右（指上述 4 家民用机械设备生产企业），产量可以随之显著提升 30%以上。

3. 精益生产的标尺

精益生产本质是工人在生产过程中付出有效劳动创造产品价值，即工人的劳动质量和必要劳动时间达到同业标准，生产同类产品所需平均先进水平的工时。

"全工序机台作业计划"能为所有生产一线工人提供具体的有效劳动工时标准，同时还可以用来衡量所有生产一线工人是否准时生产以及达标程度。

"全工序机台作业计划"可辅助工人提高工时有效性，加上工艺人员通过不断改进产品生产工艺提高工时利用率，可以不断提高企业精益生产水平。

2.14.5 必须实施全工序计件

1. 人是生产力本源

人是生产力中最活跃的因素，不仅具有必要性，还具有能动性，即人在一定限度内的工作效率会表现出相当大的伸缩幅度。

由于人作为生产力要素具有双向特性，因此在生产过程中机器由人来操作时，生产效率受到人的因素影响会升高或降低。

2. 积极性左右效率

生产工人的劳动积极性影响生产效率并决定劳产率，企业对工人都有一定预期和要求，能否调动员工积极性就成了企业管理至关重要的课题。

3. 计件中尚存红利

趋利避害谋求利益是人之天性，计件制是一种个人劳动所得的价值回馈机制。当回报标准相对合理且确定时，工人的劳动效率会高出以往数倍！

在 45 年的管理实践中，笔者多次遇到使一线工人劳产率提升超过 600%的事例，即在很短时间里劳产率就快速达到翻两番多的工效且能够持续。

民企的劳动力红利尚存，用公平的利益激励机制即可使其继续显现出来，推行员工计件制是一种最为简单有效的激励方式，容易理解便于实现。

4. 计件与计时关系

计件的本质同样是在计时，因为任何劳动都是耗时的过程，计件只是将工序合理的单件标准工时（平均先进水平）同时转换成计件单价的形式。这样在1小时、1班、1周、1月能生产多少件产品又可得到多少工资，都能做出详细准确的"全工序机台作业计划"和相应的"计件计划"。

在企业生产过程中，人是最活跃的因素，也是一个最容易被人忽略的问题，但凡以人为主或为辅的生产过程，人作为活劳动主体带有主观能动性。其积极性直接影响生产过程效率的高低。因此才需要用计件制作为直接劳动报酬的回馈机制，这样就会使劳动者愿以最佳方式完成作业，即开动脑筋全力投入劳动过程，使每个动作力求做到准确高效，以求实现高回报。

由于人的劳动具有经验积累即工效提升规律，因此平均先进标准工序工时也会有一定提升空间。广大传统制造业民企（比重较高），仅因人的劳动积极性即可使工效翻番，再加熟练程度提升和工艺改进，工序生产效率还会继续提高，相应缩短生产周期。

中国广大民企的人均劳产率到底能提高到什么水平？如前所述，翻三番才是日本现今水平，即使翻2番足以富民强国。足以可见，提高民企人均劳产率意义重大！

2.14.6　必须抓好全工序投入

1. 生产过程的逻辑

离散型加工装配是经典的传统制造业生产方式，如汽车、家电、家具、机械加工装配。其过程表现为从源头（最底层）的 N 个零件加工开始，按工艺工序要求依次逐道工序加工、推进、汇集，最终成为完工成品。每道工艺工序的加工都是整个生产过程中依次实现的工序之一，不可缺少、不可重复。当然会有需要往复加工的工序，这同样是产品加工工序中的必要一步，表现为在同道工序进行二次或 N 次加工。而每一次加工前同一对象的状态肯定已经发生某些改变，应视为继续深度加工。

按产品的设计结构及工艺路线，每道工序的内容都是由紧前工序的在制品，如 1～N 种紧前工序在制品，汇集于本道工序再加工（如部件组合），或是 1～N 种紧前工序在制品，要在同一道紧后工序排队分别依次加工。在每道工序中，会有前道工序在制品及本道工序外购零部件（或材料）的投入，经过加工或组装后形成本道工序的完工在制品直至成品。如此循环往复，不断生产出市场所需的产品。

2. 协同人机料法环

生产过程是由工序连接形成的，工序分为紧前工序及紧后工序。各道工序既是前道工序的继续，又是后道工序的投入。工序中有人（工人）、机（设备、手工操作台）、料（外购物料、在制品）、法（工艺、辅具）、环（空间、设施）等要素在投入并发挥生产功效，形成了协同配套、相互依存的生产力要素组合，这些组合有特定的工艺规则。

工序的机台/手工岗位成为企业中最小的生产单元，是工艺过程中的"枢纽"，是实现投入、加工、质量、效率、能耗及安全的现场，因此"全工序机台作业计划"就成了驱动工序5项生产要素按产品工艺要求协同动作的指令。这一指令能够保证使每项要素做到齐备和准时，即不缺、不多、不错、不早、不晚投入到工序中来。

长期以来在传统制造业企业中，工序管理一直是一个细微繁杂且最容易被人们所忽视的领域（或者说是一种无奈的表现）。关键就是因为缺失"全工序机台作业计划"，就导致了工人的劳产率一直处于非常低的水平，阻碍了生产力完全有效地发挥。

自计算机生产管理系统出现后，为编制工序作业计划提供了科学的技术手段，为传统产业劳产率的不断提升带来了希望。

3. 精准投入定成本

既然工序是工艺过程中的一个又一个枢纽，是实现产品生产加工的现场，那么人、机、料、法、环的各项生产要素必然汇集于此，充当产品加工对象和加工手段。产品直接生产成本的内容也必然集中于此，这就为工厂的产品成本核定提供了必要和充分条件。

产品工序实际成本=紧前工序在制品实际成本+本工序（材料/外购件定额费+料废领料费+料废补制费+工废领料费+工废补制费+丢失领料费+定额计件费+辅料费+辅具费+折旧费+动能费），显然非常复杂难以操作。

如果将所有工序的"材料/外购件定额费+定额计件费"计入产品变动费用，就转入管理会计的范畴，便于采用量本利法进行产品工序成本核算。

我们可将工序的工废、料废、超领、返工及4项非定额费用作为独立专项管理，将这些费用纳入其他间接费用预算。这样一可简化产品工序成本核算工作，二可发挥专项业务管理职能，三可充实基层管理人员工作内容。这种做法一定会更好地管控工序非正常成本上升问题，是共赢管理模式所依托的重要管理方法。

用管理软件可自动结转入库成品的变动费定额成本，加实际发生的料废、工废、超领、返工及4项非定额摊销费用，就可得到应追加给入库成品的全部生产成本。笔者主张按产品直接变动费用（定额标准）先核定入库成品的变动成本（管理会计法），其他费用再按规则计入形成入库成品全部成本。共赢管理模式包括量本利法和完全成本法两套算法，最终结果一致。区别在于量本利法便于做运营预算及测算全年盈亏平衡点，还具有测评产品定价合理性的功能，属于管理会计。

4. 精准管控在制品

由于有了"全工序机台作业计划"，就能结合产品BOM分解出各道工序需投入材料或外购件的计划用量。通过对每天各道工序完工统计（完成计划），就可形成"班末在制品分布明细表"，显示各道工序在制品分布数据。

根据各道工序对两类物件（在制品及投料）的作业计划及完工统计数量，再加上统计本工序出现的属工料废在制品数量，即可得到本工序的实有在制品数量及在制品损失数量，可作为下达补件计划的依据。

工序在制品数量可作为生产中流动资金核算依据，财务部通过物料计划价与工序计件单价，可计算出当前在制品及计件工资占用金额，可将直接变动费用核算转为更具体、直观、简单的计算方式。如有对外销售半成品需要，可根据在制品所含工时、物料、计件工资，摊入其他费用形成售价。

2.14.7 必须抓好精准物流

1. 建立两个期量标准

（1）建立全部物料采购期量标准，即供应商物料采购批量及周期。
（2）建立全部产品工序投产周期标准，即产品工序投期及 BOM。

2. 建立物料储备标准

（1）确定全部产品物料投产周期与采购周期相差天数 T，即时差。
  T=采购周期-投产周期，投产周期=第 N 工序投产日-计划执行日。
（2）确定全部物料储备标准，即 0 库存、保险储备量、周转储备量。
  若 $T \geq 0$，需要制定该物料的库存周转储备量标准+保险储备标准，
  如 $T=N$ 时，该物料平均每天需用量=X，$X \times N$=周转储备量 H，再看该物料是否需要建立保险储备量 I，如需要时，该物料合理储备量标准 $J=I+H$。

3. 连接企业的供应链

（1）制定所有物料供应商的期量标准（含委外加工件）。
（2）制定所有物料的库存期量标准。
（3）确定下达恢储采购计划日期，仓库提前盘点提供下达计划当日物料实际库存数。
（4）计算出需要恢储物料明细清单下达恢储采购计划，即库存周转储备量标准-实际库存数=±X，负数无须采购恢储。
（5）执行恢储采购计划及采购到料验收登账的操作。
（6）连接期初库存→周转储备量标准→采购期量标准→投料计划→发料→超领→动态库存→动态检测库存→及时启动采购计划→跟踪计划执行→到料验收入库→动态库存，循环往复形成内部物流。
（7）动态联动供应商及供应商内部物流即可形成关联产业的犬牙交错式的大物流，以此类推至全社会所有产业之间的关联物流。这就是计算机和互联网给人类带来的管理效率，使所有企业与企业之间形成供应链，利于供应链上所有企业降本增效。

4. 仓库收发存逻辑规则

（1）期初库存，执行"工序投料计划"打印"发料表"由需方确认签收。
（2）接收"超领单"，双方确认发料。
（3）接收"采购计划"按计划收料，对来料不合格拒收，退给采购处理，关注"采购未到缺料表"。
（4）点收"采购计划"的实际到料，开"入库单"填写实收数量，由采购确认后入账，同时转应付款。
（5）将实物放入库位，区分批次，便于先进先出。
（6）定期打出"盘点表"，盘出具体物料的亏数、盈数、残损数及原因上报核准并调账，改进仓库管理。
（7）循环往复。

2.14.8 必须抓好组织绩效

1. 组织与运营关系

（1）企业的组织架构及功能与岗位职责，要按运营需要设置。
（2）销技供产财人行各部各负其责，确保运营目标能够实现。
（3）市场千变万化使运营目标受到冲击，各部必须协同保障。

2. 组织是对错源头

（1）企业的一切活动，全由各部门的每个岗位任职者在操作。
（2）每个人的工作态度与质量，是企业运营成败的基础保证。
（3）做对是本分，出错是失职，无效是问题，必须全力达标。

3. 三段绩效循环逻辑

（1）组织设计的价值链通过投入产出实施，调整需完善部分。
（2）价值链经过投入产出得到市场回馈的信息，组织要应对。
（3）投入产出既是起点又是终点，顺则继续，阻则及时调整。

2.14.9 确保落地关键

1. 高度重视加强管理

（1）管理是最短板，已成为阻碍广大民企继续发展的软肋。

(2) 科学管理的作用是调动全员积极性共同搞好企业运营。
(3) 管理的有效性就在于按科学规律和社会规律求真务实。

2. 产品结构工艺路线

(1) 产品是价值的载体，结构是工艺前提，生产工序是基础。
(2) 拆结构要遵循离散合成规律及工艺要求，靠工序来实现。
(3) 自制件递进组合流程与外购件投入工序，必须精准衔接。

3. 合理设定工序工时

(1) 工序工时是产品工序必要的工作时间序列，转移未在内。
(2) 员工加工工时要定在平均先进的水平，慢中快可取中上。
(3) 随着设备条件及员工熟练程度的提升，要适时调整工时。

4. 坚持公平公正共赢

(1) 必须遵循人的趋利避害本性和行为的正负反馈机制规律。
(2) 公平即合理合规，公正即一视同仁，共赢才是最终目的。
(3) 坚守客观规律，做到公平公正共赢可得人心一定会成功。

5. 狠抓异常管理

(1) 异常指在日常运营中，所有部门岗位工作中出现的问题。
(2) 问题分轻重缓急都会对企业整体运营不利，都不能遗漏。
(3) 对所有问题都要追根溯源刨根问底，找出根本原因追责。
(4) 建立异常统计数据库，用 2/8 法则狠抓重点，不断进步。
(5) 以问题的后果数据反馈给责任人，促其警醒能尽职防范。
(6) 以问题的后果数据反馈给各个部门，完善流程管理制度。

2.14.10　精细精益管理意义

1. 使制造业走向精益

(1) 只有从精细化入手，才能一步步进入到精益化深度。
(2) 必须依托精益化管理，才能使经济效益实现最大化。
(3) 精细出精益，精益出效益，这样取得效益才可持续。

2. 利企利国利民

(1) 员工通过精益生产，能获得高效率带来高计件工资收入。
(2) 民企通过精益运营，提升产出降本增效，利润大幅增长。
(3) 人民需求不断满足，企业可做强做大，国家税收同增长。

3. 同步实现工业 4.0

(1) 民企通过管理提升实现精益生产降本增效确保高收益。
(2) 随着科技进步，母机制造厂将会不断提供更加先进的装备。
(3) 企业实施加速折旧，随母机厂科技进步必然奔向 4.0。

2.15 最重要的两个管理系统

"投入产出运营管理系统"—精益运营系统，"生产现场精益管理系统"—精益生产系统，这两个系统是民企实施降本增效、转型升级、做强做大的管理利器。

在 ZL 模式 3 纵 4 横 20 个系统中，管理金三角、物流金三角汇集了企业管理的经典，前者通过"投入产出运营管理系统"实现，后者通过"生产现场精益管理系统"实现。这两个系统是民企练好内功、提升综合实力的抓手，可满足企业运营管理和生产管理的各项需求，必将成为民企夯实基础不断提升核心竞争力的重要保证。

2.15.1 "生产现场精益管理系统"概述

1. 系统重要性

"生产现场精益管理系统"是用来满足供产销物流管理的各种需求，直接面对生产型民企提升管理中最急迫、最重要、最难操作的范畴，即生产现场管理，这正是共享劳动力红利与降本增效的"金矿区"和"深水区"。因此，无论从民企保生存还是求发展的不同角度看，现场管理都是事关重大、无法回避、管理领域非搞好不可。

实现生产现场精益管理，是本书中贯穿始终的一条提效主干线。

2. 系统示意

见下图。

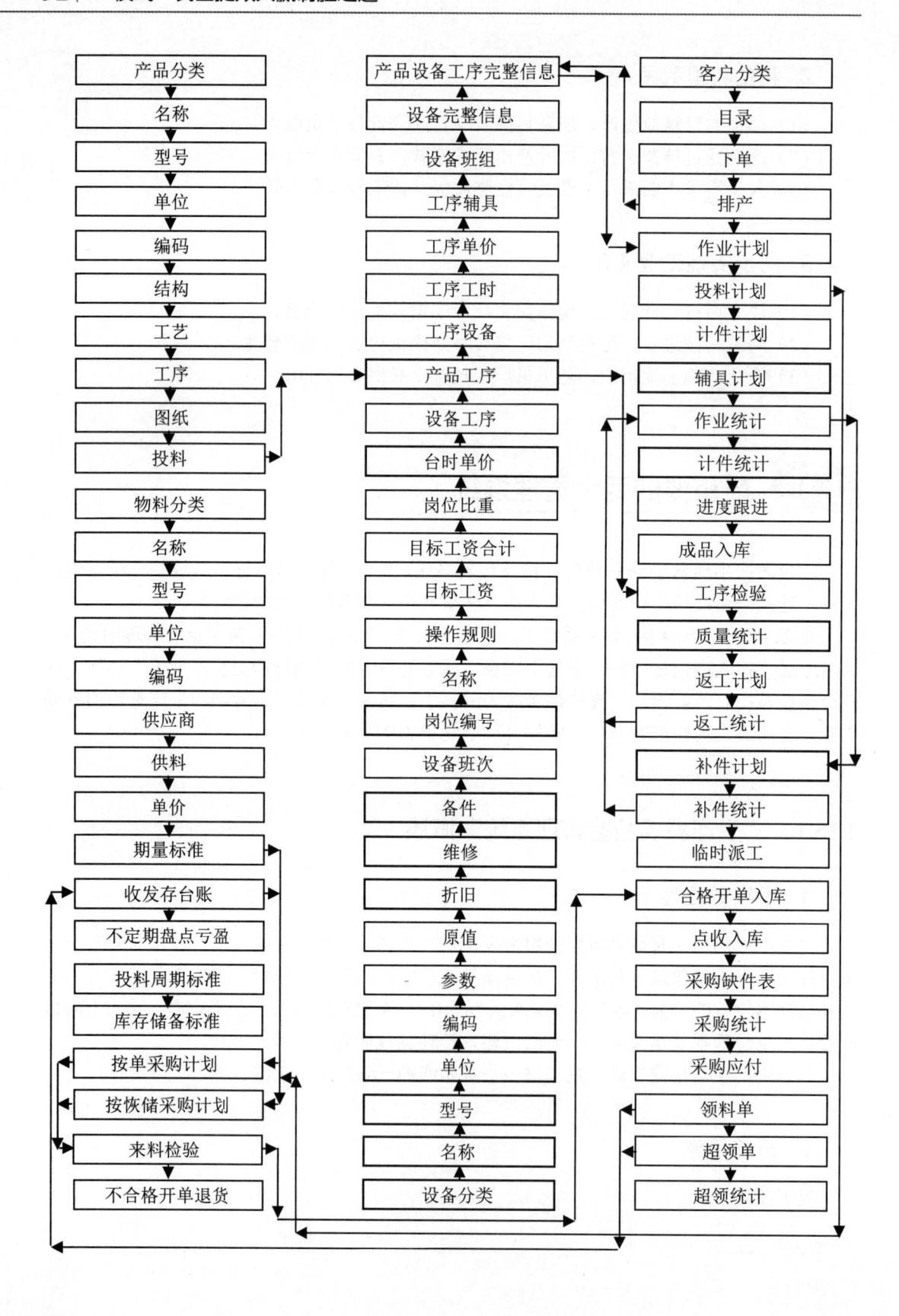

产品分类	产品设备工序完整信息	客户分类
名称	设备完整信息	目录
型号	设备班组	下单
单位	工序辅具	排产
编码	工序单价	作业计划
结构	工序工时	投料计划
工艺	工序设备	计件计划
工序	产品工序	辅具计划
图纸	设备工序	作业统计
投料	台时单价	计件统计
物料分类	岗位比重	进度跟进
名称	目标工资合计	成品入库
型号	目标工资	工序检验
单位	操作规则	质量统计
编码	名称	返工计划
供应商	岗位编号	返工统计
供料	设备班次	补件计划
单价	备件	补件统计
期量标准	维修	临时派工
收发存台账	折旧	合格开单入库
不定期盘点亏盈	原值	点收入库
投料周期标准	参数	采购缺件表
库存储备标准	编码	采购统计
按单采购计划	单位	采购应付
按恢储采购计划	型号	领料单
来料检验	名称	超领单
不合格开单退货	设备分类	超领统计

3. 系统目录

见下图。

1.生产管理 05	1.7 预制品信息 30
1.1 生产管理 05	1.7.1 预制品分类 30
1.1.1 投产管理 05	1.7.2 预制品目录 31
1.1.2 生产排程 07	1.7.3 预制品结构 32
1.1.3 已投计划 08	1.7.4 预制品工序 33
1.1.4 跟踪单打印 09	1.8 供应商管理 34
1.1.5 派工单打印 10	1.8.1 物料供应商 34
1.1.6 派工单填报 11	1.8.2 委外供应商 35
1.1.7 派工单检索 12	1.8.3 外协供应商 36
1.1.8 生产补件 13	1.9 时间管理 37
1.1.9 返修登记 14	1.9.1 工作日历 37
1.1.10 外协跟踪 15	1.9.2 工作时间 38
1.1.11 库取登记 16	1.10 基础信息 39
1.2 临时派工管理 17	1.10.1 设备分类 39
1.2.1 临时派工单 17	1.10.2 设备信息 40
1.2.2 派工单打印 18	1.10.3 工序分类 41
1.2.3 派工单填报 19	1.10.4 工序信息 42
1.3 预制品管理 20	1.10.5 委外工序 43
1.3.1 预制品订单 20	1.10.6 刀具分类 44
1.3.2 预制品仓库 21	1.10.7 刀具信息 45
1.4 考勤管理 22	1.10.8 物料分类 46
1.4.1 考勤填报 22	1.10.9 物料信息 47
1.5 设备管理 23	1.10.10 检验问题库 48
1.5.1 设备登记 23	1.10.11 工时奖励 49
1.5.2 设备岗位 24	1.10.12 级别设置 50
1.5.3 设备工序 25	2.销售管理 51
1.6 产品信息 26	2.1 销售管理 51
1.6.1 产品分类 26	2.1.1 客户订单 51
1.6.2 产品目录 27	2.2 基础信息 53
1.6.3 产品结构 28	2.2.1 客户信息 53
1.6.4 工序物料 29	3.决策驾驶舱 54

(续图)

3.1 生产管理 54	3.1.15 月工资台账 68
3.1.1 设备计划 54	3.1.16 产品工价 69
3.1.2 进度轮播 56	3.2 考勤管理 70
3.1.3 订单进度 57	3.2.1 考勤查询 70
3.1.4 投产进度 58	4.组织管理 71
3.1.5 结构进度 59	4.1 组织人事 71
3.1.6 结构检索 60	4.1.1 组织管理 71
3.1.7 工序进度 61	4.1.2 岗位管理 73
3.1.9 派工单进度 62	4.1.3 人员管理 74
3.1.10 派工单异常 63	4.1.4 离职人员 75
3.1.11 设备进度 64	5.系统管理 76
3.1.12 投产完成统计 65	5.1 系统管理 76
3.1.13 结构完成统计 66	5.1.1 用户账号 76
3.1.14 计件工资台账 67	5.1.2 角色管理 78

4. 系统开发初衷

系统是为辅助北京一家医药设备生产企业实现全程精细化管理而专门开发的，其主要内容包括如下方面。

（1）系统能够编制"订单产品全工序计划"，从而可以杜绝大量的台时和人工浪费，大大缩短订单交期又能使产能提高，为企业实现降本增效转型升级提供重要保障。

（2）系统可同步带出"订单产品工序计件计划"，能够实现员工每班出勤、生产派工单、完成统计、个人按单计件及全月计件工资核算等功能，以利于充分调动起员工的生产积极性，确保实现"订单产品全工序计划"。

（3）系统从接单到下单、工序排产、工单完工、工序在制、订单拖慢等管控点，能为管理部门及时提供数据，以利加强管理保证交期。

（4）系统可同步带出物料、刀具、工装等投入计划，为物料采购及辅具使用提供准确的计划指令，支持采购下单、仓库收发及物控管理。

（5）系统具有对部件或零件，按设定储备量与投产批量标准的自动启动计划功能，可以大大减少对这部分单体零部件的计划编制工作量。

（6）系统具有对热处理车间的关键工序，进行多品种多批次自动排产功能。

（7）系统具有工序质检管理功能，有对不合格品记录信息及返工排产功能。

（8）系统具有工序外协计划编制及转回统计跟踪功能，以保障主流程生产。

（9）系统具有对各项计划指标完成进行数据对比和分析功能，以支持改善。

5. 系统可达到效果

就国内大多数传统制造型民企的管理现状而言，通过认真严格地运用"生产现场精益管理系统"搞好精细化管理，基本都能够实现如下目标。

（1）周期减半，产量提升>30%。
（2）在制减半，资金节省>30%。
（3）全年利润提升>30%。

对于业内处在领先地位的民企，通过搞好精细化管理完全可实现全年产值与利润翻番；对于业内暂时处于劣势的民企也可实现降本增效、增加利润，以不断增强自我生存与发展的能力。

2.15.2 "投入产出运营管理系统"概述

1. 系统重要性

"投入产出运营管理系统"是为帮助民企能从运营管理整体高度将供产销全面抓起来，而为管理团队搭建的统筹全局、指标预算、平衡盈亏、分月执行、统计差异、解决障碍、决算成果这样一个管理信息平台，以确保民企盈利创建共赢。

"投入产出运营管理系统"的作用及意义是全局性、方向性、全面性、综合性、经营性、决策性的，它与"生产现场精益管理系统"一起，可形成互为犄角、相互支撑、相得益彰、统一完整的企业管理系统的核心，构成企业物流与价值链的共生体。

有了这两个系统，民企就能从资产的投入产出运营和供产销实际物流两个层级的结合上解决各类管理问题，特别是能够通过生产过程全工序全要素计划管理确保提效增收。

2. 系统主要功能

"投入产出运营管理系统"从投资回报→五项指标→盈亏平衡→确保盈利→确立标准→明确责任→明确奖励→指标分月→逐月执行→统计完成→分析差异→发现问题→追究责任→校正误差→逐月决算→应收应付→现金流表→利润报表，形成完整运营管理。

"投入产出运营管理系统"能够全面支撑民企对精细化精益化管理的需求，既能满足运营管理需要，又能体现实务运营全过程的数据流，同时实现对成本预算及偏差的管控，及时提供每月、累计、全年的运营结果报表，将管理会计真正运用到企业运营中。

从而实现以成本要素、标准定额、计划指标、实际偏差的清晰流程展现出企业当期各项运营成果，一目了然、浅显易懂、无可争议，让精细化精益化管理显出实际效果。

"投入产出运营管理系统"能让管理团队在统一的运营信息平台上定目标、商对策、看过程、找问题、追责任、促利好、保成果，简单明了、准确无误。因此，该系统是民企管理的利器，它能使民企加强管理的目标落到实处！

3. 系统示意见下图

总资产	费用科目 → 费用结构 → 股东收益最大化
回报率	岗位分工 → 岗位主体 → 骨干红利可行
年利润目标	全年预算 → 保本产量 → 产量费用可行
产品目录	品种构成 → 盈利产量 → 反复平衡定案
产品单价	品种比例 → 两者比值 → 全年利润指标
单位材料费	换算系数 → → 全年费用指标
单位人工费	标准年产量 → → 全年费用贡献指标
单位贡献	标准总贡献 → → 全年费用销售指标
产品贡献率	→ → 全年利润贡献指标
划定合理边界	→ → 全年利润销售指标
	→ → 全年总贡献指标
	→ → 全年总销售指标

后续模块：

- 接单审核排产 → 各月完成数据统计
- 产量贡献对照 → 收入指标达成率 → 销售收入完成率
- 销售投入产出 → 贡献指标达成率 → 销售贡献完成率
- 生产超耗损益 → 费用指标达成率 → 费用支出完成率
- 采购议价损益 → 利润指标达成率 → 生产定额完成率
- 流动资金占用 → 各项指标完成累计 → 采购定额完成率
- 预付资金 → 销售收入累计差额 → 年终利润总决算
- 库存资金 → 支出费用累计差额
- 生产资金 → 完成贡献累计差额
- 成品资金 → 完成利润累计差额
- → 应付实付未付台账
- → 应收实收未收台账
- → 现金流表

- 收入累计差额分析 → 销售任务与对策
- 费用累计差额分析 → 生产任务与对策
- 贡献累计差额分析 → 采购任务与对策
- 利润累计差额分析 → 管理任务与对策

4. 系统逻辑结构

见下图。

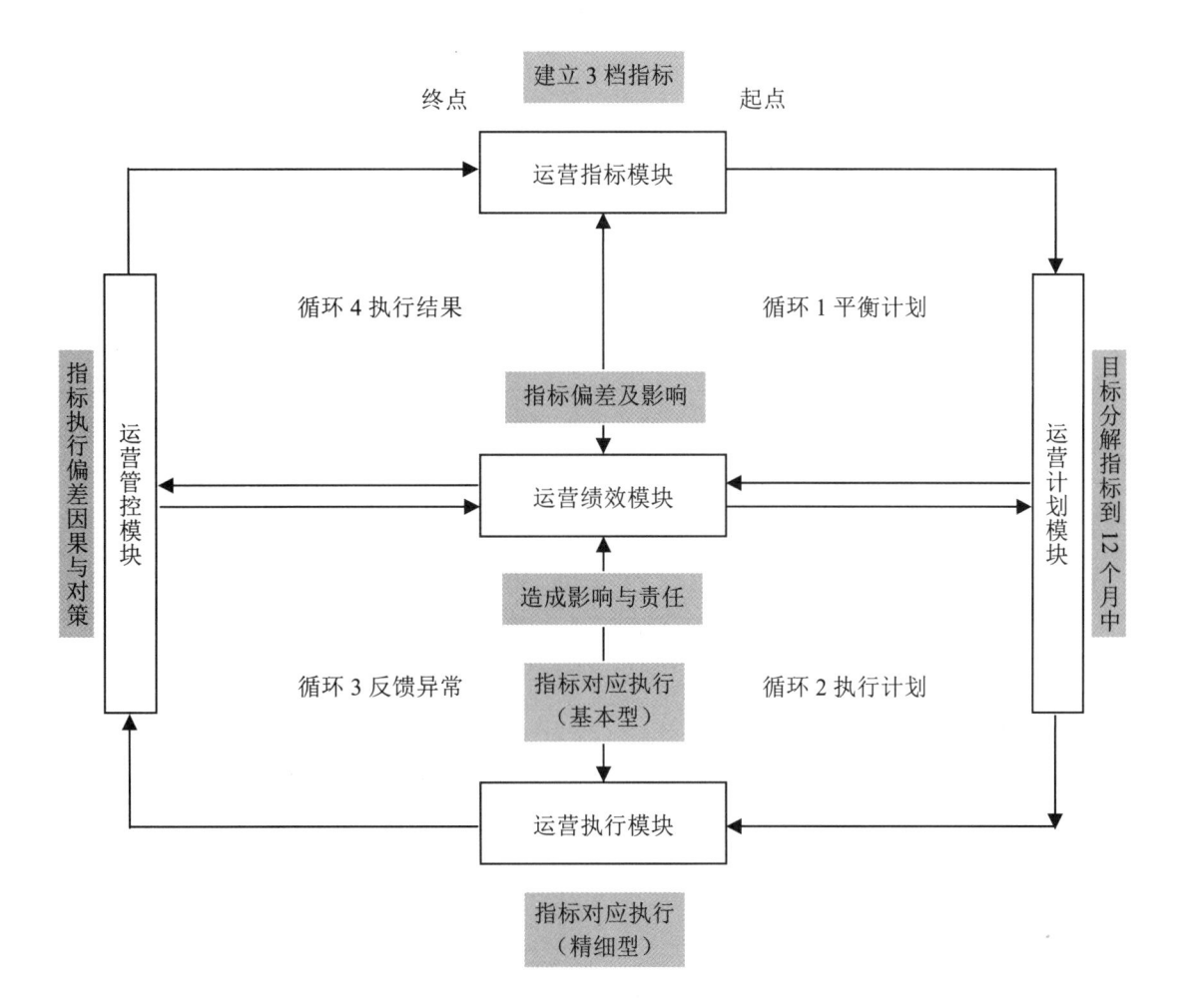

```
                          建立 3 档指标
              终点                              起点
                    ┌─────────────┐
              ┌────→│  运营指标模块 │────┐
              │     └─────────────┘    │
              │                        │
         循环 4 执行结果            循环 1 平衡计划
              │                        │
  指         │   指标偏差及影响         │        目
  标 ┌──运──┐│       ↓                ↓  ┌─运─┐ 标
  执 │ 营管 ││  ┌─────────────┐          │ 营 │ 分
  行 │ 控模 │└─→│  运营绩效模块 │←─────────│ 计 │ 解
  偏 │ 块   │←──│             │          │ 划 │ 指
  差 └──────┘   └─────────────┘          │ 模 │ 标
  因         │   造成影响与责任          │ 块 │ 到
  果         │       ↑                │  └───┘ 12
  与         │   指标对应执行          │         个
  对         │    （基本型）           │         月
  策    循环 3 反馈异常          循环 2 执行计划  中
              │                        │
              │     ┌─────────────┐    │
              └─────│  运营执行模块 │←───┘
                    └─────────────┘
                         指标对应执行
                         （精细型）
```

5. 系统内涵

(1) 运营管理系统目录。形式1

一级菜单	二级菜单	界面名称
1. 基础管理	1.1 组织	1.1.1 组织设置
		1.1.2 岗位设置
		1.1.3 任务分解
	1.2 设备	1.2.1 设备信息
		1.2.2 设备工费
		1.2.3 设备工序
	1.3 物料	1.3.1 物料编码
		1.3.2 物料信息
	1.4 供应	1.4.1 供应商信息
		1.4.2 供货信息
	1.5 建储	1.5.1 建储信息
	1.6 产品	1.6.1 产品分类
		1.6.2 产品信息
		1.6.3 产品 BOM
		1.6.4 产品工费
		1.6.5 产品贡献
	1.7 客户	1.7.1 客户信息
		1.7.2 客户产品
		1.7.3 订货周期
		1.7.4 收款周期
	1.8 费用	1.8.1 费用名称
		1.8.2 费用支付
2. 人事管理	/	2.1 人员入职
		2.2 人员履职
		2.3 人员离职
3. 编年计划	/	3.1 全年指标
		3.2 各月任务
		3.3 各月费用
		3.4 计划总表

（续表）

一级菜单	二级菜单	界面名称
4. 销售订单	/	4.1 意向订单
		4.2 接单排产
		4.3 订单投料
5. 计划物控	/	5.1 订单缺件
		5.2 按单采购
		5.3 恢储采购
		5.4 物流台账
6. 执行统计	/	6.1 采购统计
		6.2 实发统计
		6.3 销售统计
		6.4 贡献统计
		6.5 计件统计
		6.6 转换统计
		6.7 费用统计
7. 统计分析	/	7.1 超支分析
		7.2 节省分析
		7.3 贡献分析
		7.4 盈利分析
8. 应收应付	/	8.1 应收
		8.2 应付
9. 现金流表	/	9.1 收入账
		9.2 支出账
		9.3 流水账
10. 异常管控	/	10.1 登记异常
		10.2 异常台账
		10.3 责任台账
		10.4 每日跟踪
	/	10.5 督催反馈
		10.6 达标考核
		10.7 完善职责
		10.8 完善标准
		10.9 记功劳簿
11. 攻坚克难	/	11.1 重难点看板
		11.2 整改措施表

（2）运营管理系统目录。形式2

1. 基础管理

1.1 组织	1.2 设备	1.3 物料	1.4 供应	1.5 建储	1.6 产品	1.7 客户	1.8 费用
1.1.1 组织设置	1.2.1 设备信息	1.3.1 物料编码	1.4.1 供应商信息	1.5.1 建储信息	1.6.1 产品分类	1.7.1 客户信息	1.8.1 费用名称
1.1.2 岗位设置	1.2.2 设备工费	1.3.2 物料信息	1.4.2 供货信息		1.6.2 产品信息	1.7.2 客户产品	1.8.2 费用支付
1.1.3 任务分解	1.1.2 设备工序				1.6.3 产品BOM	1.7.3 订货周期	
					1.6.4 产品工费	1.7.4 收款周期	
					1.6.5 产品贡献		基础信息：22个界面

2. 人事管理　2.1 人员入职　2.2 人员履职　2.3 人员离职
3. 编年计划　3.1 全年指标　3.2 各月任务　3.3 各月费用　3.4 计划总表
4. 销售订单　4.1 意向订单　4.2 接单排产　4.3 订单投料
5. 计划物控　5.1 订单缺件　5.2 按单采购　5.3 恢储采购　5.4 物流台账
6. 执行统计　6.1 采购统计　6.2 实发统计　6.3 销售统计　6.4 贡献统计　6.5 计件统计　6.6 转换统计　6.7 费用统计
7. 统计分析　7.1 超支分析　7.2 节省分析　7.3 贡献分析　7.4 利润分析
8. 应收应付　8.1 应收　8.2 应付
9. 现金流表　9.1 收入账　9.2 支出账　9.3 流水账
10. 异常管控　10.1 登记异常　10.2 异常台账　10.3 责任台账　10.4 每日跟踪　10.5 督催反馈　10.6 达标考核　10.7 完善职责
　　　　　　10.8 完善标准　10.9 记功劳簿
11. 攻坚克难　11.1 重难点攻关看板　11.2 整改措施表

2.16 运营管理系统模式设计

2.16.1 基础设置

注：表中每项字体含义为**黑体**→要输入，宋体→可共享，*隶属*→自动算出。

2.16.1.1 组织

1. 组织设置

运营年份	组织层级	组织编码	组织名称	生效日期	终止日期	同级个数	序号	组织职能	生效日期	终止日期

2. 岗位设置

运营年份	组织编码	组织名称	岗位编码	岗位名称	生效日期	终止日期	岗位个数	序号	岗位职责	生效日期	终止日期

3. 任务分解

组织名称	岗位名称	序号	任务指标	占比%	生效日期	序号	考核指标	生效日期	序号	考核标准	生效日期	序号	扣分标准	生效日期

2.16.1.2 设备

1. 设备信息

运营年份	设备名称	设备型号	设备编号	单位	启用年月	调入日期	组织编码	组织名称	调出日期	报废年月

2. 设备工费

工时单位：分

运营年份	设备名称	设备型号	设备编号	单位	岗位名称	目标工资	班工效率%	月均天数	工时单价	设备工费	岗位占比%

3. 设备工序

工时单位：分

运营年份	设备名称	设备型号	设备编号	单位	工序名称	工序参考工时

2.16.1.3 物料

1. 物料编码

物料分类名称	物料分类编码位数范围	实际物料编码位数

2. 物料信息

人民币单位：元

物料分类名称	物料编码	物料名称	物料规格	库存单位	投料单位	转换系数	运营年份	库存单价	投料单价	备注

2.16.1.4 供应

1. 供应商信息

人民币单位：元

运营年份	供应商名称	所在城市	负责人姓名	身份证号码联系	电话	保证金额度	备注

2. 供货信息

人民币单位：元

运营年份	供应商名称	所在城市	物料编码	物料名称	物料规格	采购单位	采购单价	供货批量	供货天数	结算天数

2.16.1.5 建储

1. 建储

运营年份	物料编码	物料名称	物料规格	采购单位	库存单位	投料单位	供货天数	投料延后	建储标准	备注

2.16.1.6 产品

1. 产品分类

产品分类名称

2. 产品信息

运营年份：　　　人民币单位：元

产品分类名称	产品名称	产品型号	产品编码	产品单位	上市年月	已销售年数	产品价位

3. 产品BOM

运营年份：　　　　　　　　　　　　　　　　　　　　　　　　　　　　人民币单位：元

产品分类名称	产品名称	产品型号	产品编码	产品单位	物料编码	物料名称	物料型号	投料单位	单位用量	投料单价	用量金额	产品材料费

4. 产品工价

运营年份：　　　　　　　　　　　　　　　　　　　　　　　　人民币单位：元 工时单位：分

产品名称	产品型号	产品单位	工序序号	部件名称	单位用量	设备名称	设备型号	工序名称	设备工费	工序工时	工序工价	产品工价	转换工时	转换系数	转换工价

5. 产品贡献

运营年份：　　　　　　　　　　　　　　　　　　　　　　　　　　　　人民币单位：元

产品分类名称	产品名称	产品型号	产品编码	产品单位	上市年月	已销售年数	产品价位	产品材料费	产品人工费	产品单位贡献	贡献率%	单品排名1

2.16.1.7 客户

1. 客户信息

运营年份：

客户类别	客户编号	客户名称	开始合作年月	联系人	联系手机号码	所在城市	业务员姓名	客户排名

2. 客户产品

运营年份：

客户类别	客户编号	客户名称	开始合作年月	产品分类名称	产品名称	产品型号	产品编码	产品单位	占总销售额比%

3. 订货周期

运营年份：

产品分类名称	产品名称	产品型号	产品编码	产品单位	交货周期					
					小批量	天数	中批量	天数	大批量	天数

4. 收款周期

运营年份：

客户类别	客户编号	客户名称	开始合作年月	收款期限	收款背书	收款比率	拖后天数

2.16.1.8 费用

1. 费用名称

费用科目编码	费用科目名称	企业费用名称

2. 费用支付

运营年份：

费用科目名称	企业费用名称	组织编码	组织名称	岗位编码	岗位名称	付款单位全称	对方开户行全称	对方开户行账号	预付款比例%	尾款比例%	结算周期天数

2.16.2 人事管理

1. 人员入职

人民币单位：元

入职时间	员工姓名	身份证号码	入职第次	籍贯	婚否	文化程度	技能专业	从业年数	专业职称	目标工资	个人特长	离职时间	在职天数

2. 人员履职

运营年份：

组织编码	组织名称	岗位编码	岗位名称	年月日至年月日	任职者姓名	员工工号	手机号码	本岗缺员时段	
								年月日至年月日	天数

3. 人员离职

运营年份：

离职时间	员工姓名	身份证号码	入职第次	籍贯	婚否	文化程度	技能专业	从业年数	专业职称	组织编码	组织名称	岗位编码	岗位名称

2.16.3 编制计划

1. 全年指标

运营年份：   人民币单位：万元

企业总资产	全年盈利指标	全年材料费用指标	全年人工费用指标	全年其他费用指标	全年销售收入指标	全年贡献额指标	全年销售贡献率%	全年平衡点率%	全年销售盈利率%	全年资产盈利率%

2. 各月任务

运营年份：　　　　　　　　　　　　　　　　　　　　　　　　　　　　　人民币单位：万元

计划项目	全年指标	月份											
		1		2		3		4		5		6		7		8		9		10		11		12	
全年销售收入		Σ		Σ		Σ		Σ		Σ		Σ		Σ		Σ		Σ		Σ		Σ		Σ	
		Σ	%	Σ	%	Σ	%	Σ	%	Σ	%	Σ	%	Σ	%	Σ	%	Σ	%	Σ	%	Σ	%	Σ	%
全年贡献额		Σ		Σ		Σ		Σ		Σ		Σ		Σ		Σ		Σ		Σ		Σ		Σ	
		Σ	%	Σ	%	Σ	%	Σ	%	Σ	%	Σ	%	Σ	%	Σ	%	Σ	%	Σ	%	Σ	%	Σ	%
Σ各月比重=100%		%		%		%		%		%		%		%		%		%		%		%		%	

3. 各月费用

运营年份：　　　　　　　　　　　　　　　　　　　　　　　　　　　　　人民币单位：万元

费用科目名称	企业费用名称	组织名称	岗位名称	全年预算	预算项目	月份												
						1	2	3	4	5	6	7	8	9	10	11	12
					各月费用												
					各月比重	%	%	%	%	%	%	%	%	%	%	%	%
					各月费用												
					各月比重	%	%	%	%	%	%	%	%	%	%	%	%
					……												
两类费用全年总金额					各月合计												
					各月累加	Σ	Σ	Σ	Σ	Σ	Σ	Σ	Σ	Σ	Σ	Σ	Σ
					累加占比	Σ %	Σ %	Σ %	Σ %	Σ %	Σ %	Σ %	Σ %	Σ %	Σ %	Σ %	Σ %
					不含变动费												
					各月累加	Σ	Σ	Σ	Σ	Σ	Σ	Σ	Σ	Σ	Σ	Σ	Σ
					累加占比	Σ %	Σ %	Σ %	Σ %	Σ %	Σ %	Σ %	Σ %	Σ %	Σ %	Σ %	Σ %

4. 计划总表

运营年份：　　　　　　　　　　　　　　　　　　　　　　　人民币单位：万元

计划项目	计划指标	\multicolumn{12}{c}{月份}
		1	2	3	4	5	6	7	8	9	10	11	12
年销售收入													
	各月累计												
	累计占比	%	%	%	%	%	%	%	%	%	%	%	100%
年贡献额													
	各月累计												
	累计占比	%	%	%	%	%	%	%	%	%	%	%	100%
年总费用													
各月累计													
	累计占比	%	%	%	%	%	%	%	%	%	%	%	100%
年总盈利													
	各月累计												
	累计占比	%	%	%	%	%	%	%	%	%	%	%	100%

注：表中"年总费用"不含"变动费"。

2.16.4　销售订单

1. 意向订单

运营年份：

客户类别	客户名称	意向日期	产品分类名称	产品编码	产品名称	产品型号	产品单位	意向数量	意向交期	业务员姓名

2. 接单排产

运营年份：

客户类别	客户名称	下单日期	订单号	投产日期	产品分类名称	产品编码	产品名称	产品型号	产品单位	订单数量	交货日期

3. 订单投料

运营年份：

订单号	投产日期	交货日期	产品名称	产品型号	产品单位	订单数量	物料名称	物料型号	投料单位	投料计划	投料日期

2.16.5 计划物控

1. 订单缺件

运营年份：

订单号	投产日期	物料分类名称	物料名称	物料型号	投料单位	投料计划	投料日期	前日余数	本单缺件数	当前缺件合计	到货日期	影响天数

2. 按单采购

运营年份：

订单号	投产日期	物料分类名称	物料编码	物料名称	物料型号	投料单位	投料计划	投料日期	本单缺件数	下单日期	到货日期	影响天数

3. 恢储采购

运营年份：

供应商名称	物料分类名称	物料编码	物料名称	物料规格	采购单位	建储标准	前日余数	突破日期	亏储数量	下单日期	到货日期	投料日期	影响天数

4. 物流台账

运营年月日：　　　　　　　　　　　　　　　　　　　　　　　　　人民币单位：元

物料分类名称	物料名称	物料型号	投料单位	年初库存	建储标准	订单号	投产日期	投料计划	超领数量	入库日期	入库数量	当天余数	本单缺件	影响天数

2.16.6 执行统计

1. 采购统计

运营年月：　　　　　　　　　　　　　　　　　　　　　　　　　　　　　人民币单位：元

入库日期	供应商名称	物料名称	物料规格	采购单位	采购单价	本批单价	价差金额	入库数量	入库金额	入库金额累计	本批价差金额	差价金额累计

2. 实发统计

运营年月：　　　　　　　　　　　　　　　　　　　　　　　　　　　　　人民币单位：元

订单号	产品名称	产品型号	产品单位	订单数量	物料名称	物料型号	投料单位	投料单价	投料计划	超领数量	超领金额	累计超领金额

3. 销售统计

运营年月：　　　　　　　　　　　　　　　　　　　　　　　　　　　　　人民币单位：元

销售日期	订单号	客户类别	客户名称	产品名称	产品型号	产品单位	产品价位	销售数量	全价销售收入	折扣率%	折扣金额	折扣金额累计

4. 贡献统计

运营年月：　　　　　　　　　　　　　　　　　　　　　　　　　　　　　人民币单位：元

销售日期	订单号	产品名称	产品型号	产品单位	产品价位	产品贡献	贡献率%	排名	销售数量	实际贡献额	当月贡献累加	贡献让利额	当月贡献让利额累加

5. 计件统计

运营年月：　　　　　　　　　　　　　　　　　　　　　　　　　　　　　人民币单位：元

订单号	投产日期	产品名称	产品型号	工序序号	部件名称	计划数量	设备名称	工序名称	完工数量	工序工价	工序计件工资	岗位名称	员工姓名	岗位计件工资	员工本月计件	Σ本月计件工资

6. 转换统计

运营年月：　　　　　　　　　　　　　　　　　　　　　　　　　　　人民币单位：元

订单号	投产日期	产品名称	产品型号	工序序号	部件名称	单位用量	设备名称	工序名称	标识转换	转换工价	岗位名称	员工姓名	岗位转换工资	员工本月转换	Σ本月转换费用

7. 费用统计

运营年月：　　　　　　　　　　　　　　　　　　　　　　　　　　　人民币单位：元

企业费用名称	组织名称	岗位名称	任职者姓名	全年预算	本月费用	实际发生额	超额金额	超额累计	本人占比%	节省金额	节省累计	本人占比%	差额累计

2.16.7 统计分析

1. 超支分析

运营年月：　　　　　　　　　　　　　　　　　　　　　　　　　　　人民币单位：元

企业费用名称	组织名称	岗位名称	任职者姓名	全年预算	本月费用	实际发生额	超额金额	超额累计	本人占比%	本人排名	本人报备	上级评语	责任占比%

2. 节省分析

运营年月：　　　　　　　　　　　　　　　　　　　　　　　　　　　人民币单位：元

企业费用名称	组织名称	岗位名称	任职者姓名	全年预算	本月费用	实际发生额	节省金额	节省累计	本人占比%	本人排名	本人报备	上级评语	成绩占比%

3. 贡献分析

运营年月：　　　　　　　　　　　　　　　　　　　　　　　　　　　人民币单位：元

产品销售日期	产品名称	产品型号	产品单位	产品价	单位贡献	贡献率%	单品排名1	销售数量	标准贡献额	折扣率%	实际贡献额	贡献让利额	单品排名2	当月贡献额累加	本人占比%	损失销量

4. 盈利分析

运营年份：　　　　　　　　　　　　　　　　　　　　　　　　　　　　人民币单位：万元

分析项目	指标及完成	1月	2月	3月	4月	5月	6月	7月	8月	9月	10月	11月	12月
年销售收入指标													
各月指标累计		Σ	Σ	Σ	Σ	Σ	Σ	Σ	Σ	Σ	Σ	Σ	Σ
各月已完成													
已完成累计		Σ	Σ	Σ	Σ	Σ	Σ	Σ	Σ	Σ	Σ	Σ	Σ
各月完成差额													
累计差额		Σ	Σ	Σ	Σ	Σ	Σ	Σ	Σ	Σ	Σ	Σ	Σ
累计差额占比		%	%	%	%	%	%	%	%	%	%	%	%
年贡献指标													
各月指标累计		Σ	Σ	Σ	Σ	Σ	Σ	Σ	Σ	Σ	Σ	Σ	Σ
各月已完成													
已完成累计		Σ	Σ	Σ	Σ	Σ	Σ	Σ	Σ	Σ	Σ	Σ	Σ
各月完成差额													
累计差额		Σ	Σ	Σ	Σ	Σ	Σ	Σ	Σ	Σ	Σ	Σ	Σ
累计差额占比		%	%	%	%	%	%	%	%	%	%	%	%
年费用指标													
各月指标累计		Σ	Σ	Σ	Σ	Σ	Σ	Σ	Σ	Σ	Σ	Σ	Σ
各月已完成													
已开支累计		Σ	Σ	Σ	Σ	Σ	Σ	Σ	Σ	Σ	Σ	Σ	Σ
各月开支差额													
累计差额		Σ	Σ	Σ	Σ	Σ	Σ	Σ	Σ	Σ	Σ	Σ	Σ
累计差额占比		%	%	%	%	%	%	%	%	%	%	%	%
年盈利指标													
各月指标累计		Σ	Σ	Σ	Σ	Σ	Σ	Σ	Σ	Σ	Σ	Σ	Σ
各月已实现													
已实现累计		Σ	Σ	Σ	Σ	Σ	Σ	Σ	Σ	Σ	Σ	Σ	Σ
各月实现差额													
累计差额		Σ	Σ	Σ	Σ	Σ	Σ	Σ	Σ	Σ	Σ	Σ	Σ
累计差额占比		%	%	%	%	%	%	%	%	%	%	%	%

2.16.8 应收应付

1. 应收

运营年月： 　　　　　　　　　　　　　　　　　　　　　　　　　人民币单位：元

销售日期	订单号	客户名称	产品名称	产品型号	销售数量	折扣率%	应收销售全款金额	付款期限	付款比率%	当前日期	应收已收金额	应收未收金额	超过天数	业务员姓名

2. 应付

运营年月： 　　　　　　　　　　　　　　　　　　　　　　　　　人民币单位：元

企业费用名称	组织名称	岗位名称	任职者姓名	付款单位全称	付款发起日期	本笔付款背书	本笔应付全额	当前日期	应付已付金额	应付未付金额	拖延天数

2.16.9 现金流表

1. 收入账

运营年月： 　　　　　　　　　　　　　　　　　　　　　　　　　人民币单位：元

收款年月日	对方汇款账号	客户名称	订单号	销售收入	第几笔款	本笔到账金额	应收未收金额	超过天数	本单收齐日期	业务员姓名

2. 支出账

运营年月： 　　　　　　　　　　　　　　　　　　　　　　　　　人民币单位：元

付款年月日	收款单位全称	对方收款账号	企业费用名称	本笔应付全额	第几笔款	本笔付出金额	应付未付金额	拖延天数	本项付清日期	任职者姓名

3. 流水账

运营年月： 　　　　　　　　　　　　　　　　　　　　　　　　　人民币单位：元

年初余额	发生收付日期	客户名称	对方汇款账号	本笔到账金额	收款单位全称	对方收款账号	本笔付出金额	当日期末余额

2.16.10 异常管控

1. 登记异常

运营年份：　　　　　　　　　　　　　　　　　　　　　　　　异常编码：000

	提出年月日：		提出单位：		提出人：		审核人（考核组）：		
异常事项提出	异常描述（提出人写）：		导致后果（提出人写）：	产生异常起因（考核组写）					
				序号	起因标准语句	序号	起因编码（树形关系）		
	异常归类：								
	异常标准语句：异常编码：						异常系数		
原因分析	人为原因（考核组写）：		客观原因（考核组写）：			管理原因（考核组写）：			
	人为原因占比：　　%		客观原因占比：　　%			管理原因占比：　　%			
落实责任	部门名称	岗位名称	任职者	涉及职能第几条款		涉及职责第几条款		部门占比%	个人占比%

2. 异常台账

运营年份：

年月日	异常编码	异常标准语句	发生车次	起因编码	起因标准语句	发生车次

3. 责任台账

运营年份：

年月日	异常编码	异常标准语句	涉及部门	责任占比%	涉及岗位	任职者	责任占比%

4. 每日跟踪

年月日：

异常编码	提出单位	提出人	异常归类	导致后果	责任单位	责任占比%	责任人	责任占比%	本人表态	本人措施	提出人每天跟踪并发布现状

5. 督催反馈

年月日：

异常编码	提出单位	提出人	督催年月日	序号	督促要求	提醒预估后果	要求最后排解期限	责任相关组织名称	责任相关岗位名称	任职者

6. 达标考核

运营年月：

提出单位	提出人	督催年月日	序号	督促要求	要求最后排解期限	责任相关组织名称	责任相关岗位名称	任职者	守时结论	达标结论	该项应扣分数

7. 完善职责

运营年份：

提出单位	提出人	发起建议时间	相关组织	针对职能范围	序号	改善建议	相关岗位	针对职责范围	序号	改善建议

8. 完善标准

运营年份：

提出单位：提出人：发起建议时间：

组织名称	岗位名称	序号	任务指标修改建议如下	占比%	序号	考核指标修改建议如下	序号	考核标准修改建议如下	序号	扣分标准修改建议如下

9. 功劳簿

运营年份：

年月日	异常编码	异常标准语句	发生第次	每月发生次数	转入正常日期	月份	全月发生次数	下降率%	有功组织	有功人员	功劳占比%	异常系数	本人功劳系数

2.17 投入产出盈亏平衡法案例

1. 案例原始数据

（1）产品信息。

单位：元

产品大类	产品名称	型号/规格	单位	单价	单位人工费	单位材料费	单位变动费	单位贡献	单位贡献率%
油漆类	平板门	YQ001	件	2 350	380	580	960	1 390	59.1%

注：案例以1款产品作为代表款，以显示企业在全年中量、本、利之间的数据对应变化关系，笔者采用的是"产品销售贡献（贡献率）"以及"将固定费用不直接摊入产品成本中""做全年利润核算"的方法。这利于确定全年盈亏平衡点的产销量以及全年可获得的盈利总额，同时利于评价产品的单价、变动费用、贡献及贡献率的优劣，这个方法有利于企业评价产品的性价比水平和对全年盈利的影响。单位贡献=单价-单位人工费-单位材料费，单位变动费=单位人工费+单位材料费，单位贡献率=单位贡献÷单价×100%。

（2）综合数据。

数据表 1　单位：元

固定费用	全年利税	全年贡献	备注
29 950 000	0	29 950 000	保本贡献
29 950 000	20 000 000	49 950 000	保本利贡献

注：全年保本贡献=固定费用，全年保本利贡献=固定费用+利税，这是以案例中的产品单位贡献及贡献率为前提条件，这一点是非常关键的。

数据表 2　单位：元

全年贡献	全年销量（件）	全年变动费用	全年总价值需求	全年销售收入	备注
29 950 000	21 547	20 685 120	50 635 120	50 635120	实现保本
49 950 000	35 935	34 497 600	84 447 600	84 447 600	实现本利

注：全年保本销售收入=固定费用+变动费用。全年保本利销售收入=固定费用+变动费用+利税。读者切记量、本、利法中，产品贡献及全年贡献是约束单价及销售收入的关联条件，因此，全年销量=全年贡献÷单位贡献，全年变动费用=全年销量×单位变动费，全年销售收入=全年贡献+全年变动费用，这和全年销售收入=全年销量×单价的结果 50 635 450 元会有 330 件误差（指与 50 635 120 元），因小数取舍所致，后续表中均保留小数结果。

2. 表 1　保本点所需数据结构

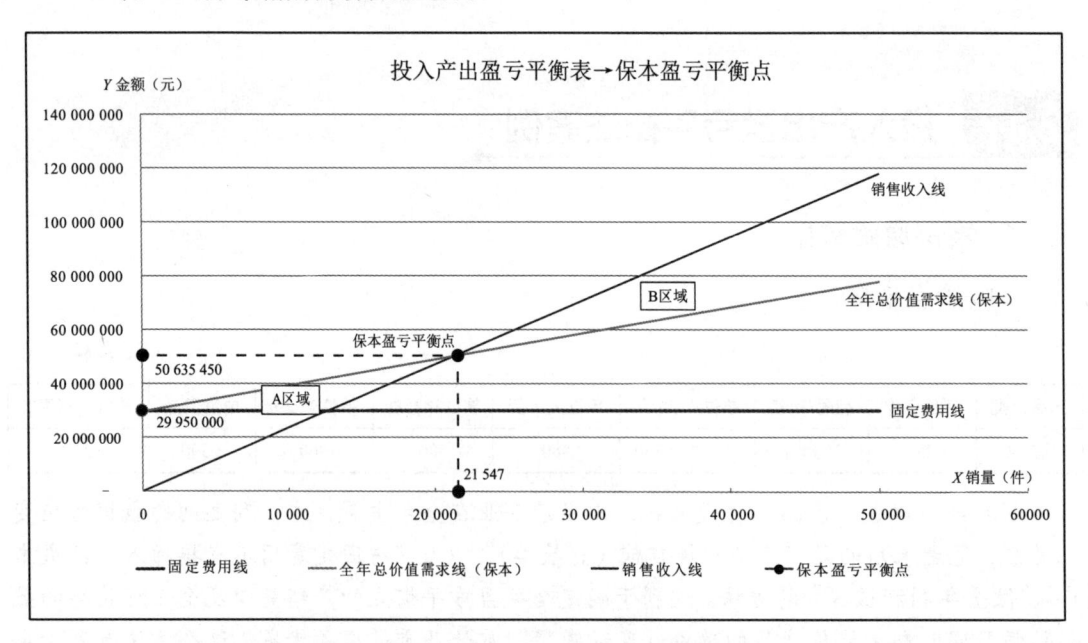

图 1　投入产出盈亏平衡表→保本盈亏平衡点

注：当销售收入=（固定费用+变动费用）时，实现保本。如图，固定费用为 29 950 000 元，当产销量达到 21 547 件、销售收入为 50 635 120 元时，实现保本。销售收入线与变动费用线相交对应保本盈亏平衡点的产销量（21 547 件）。在保本点"左"边为亏损 A 区域，在保本点"右"边为盈利 B 区域。

3. 表 2 本利全保点所需数据结构

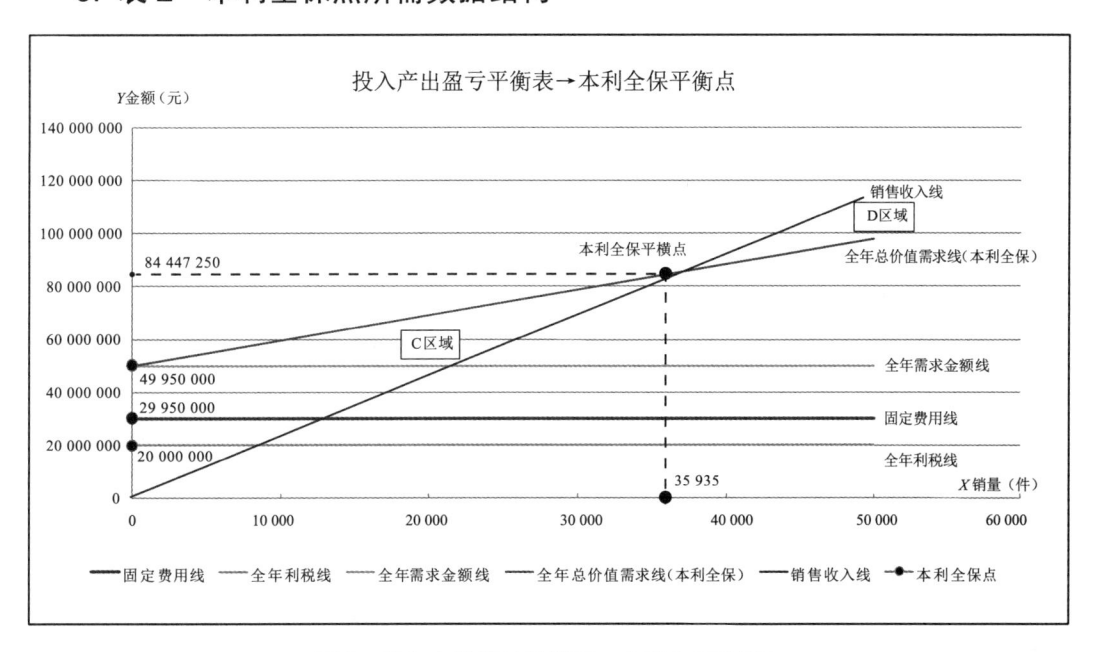

图 2 投入产出盈亏平衡表→本利全保平衡点

注：当销售收入=（固定费用+变动费用）+利税，可实现本利全保。如图，固定费用为 29 950 000 元，全年利税为 20 000 000 元，全年贡献应为 49 950 000 元。当产销量达到 35 935 件、销售收入为 84 4447 600 元，可实现本利全保（固定费用+变动费用+利税）。销售收入线与变动费用线相交对应本利全保点的产销量（35 935 件）。在本利全保点"左"边即 C 区域内未达成利润；在本利全保点"右"边即 D 区域企业可获超过预定的利润。

4. 表3 综合版所需数据结构

图3　投入产出盈亏平衡表→综合版

注：本表将保本点与本利全保点两张表整合在一起，可以看出，当产销量达到21 547件、销售收入为50 635 450元（即50 635 120元）时，企业实现保本；当产销量达到35 935件、销售收入为84 447 250元（即84 447 600元）时，企业实现本利全保。在保本点与本利全保点之间，即当销量>21 547件且<35 935件时，虽然已经开始盈利，但盈利金额未达到预定指标（20 000 000元），即销售贡献额>29 950 000元且<49 950 000元，或销售收入>50 635 450元且<84 447 250元。

5. 表4 增加单位变动费用所需数据结构

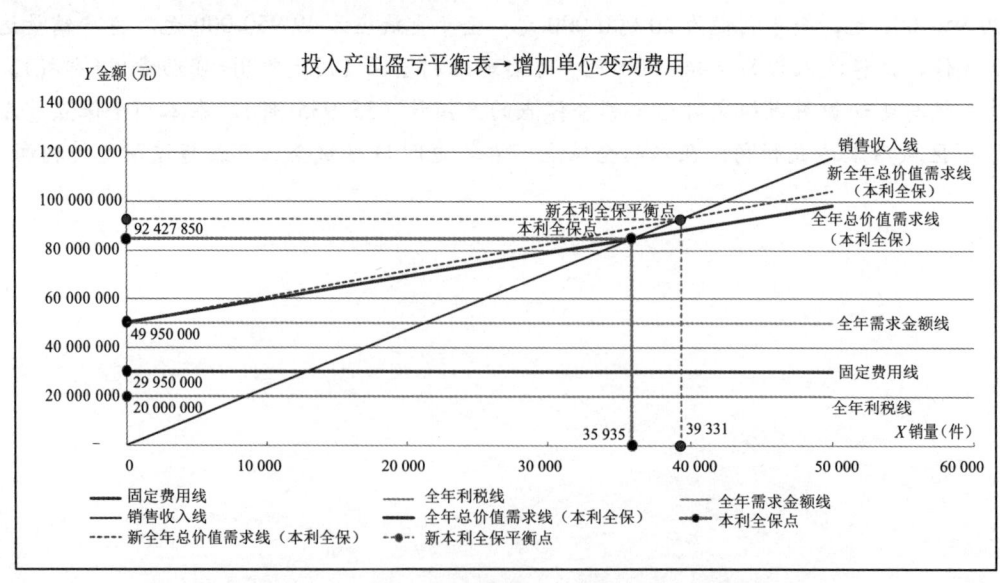

图4　投入产出盈亏平衡表→增加单位变动费用

注：本表以图2作为母版，在其他数据不变的情况下，通过增加产品单位变动费用导致产品单位贡献额下降，致使产销量必须增加才能重新实现本利全保。如图，本例的产品单位变动费从960元增加到1080元，净增120元。新增产品单位变动费用后，当产销量达到39 331件(比原35 935件多出3 396件)、销售收入达到92 427 850元(比原来84 447 250元多出7 980 600元)时，才重新实现本利全保。新的本利全保点比原本利全保点向"右"移动。

6. 表5 增加固定费用所需数据结构

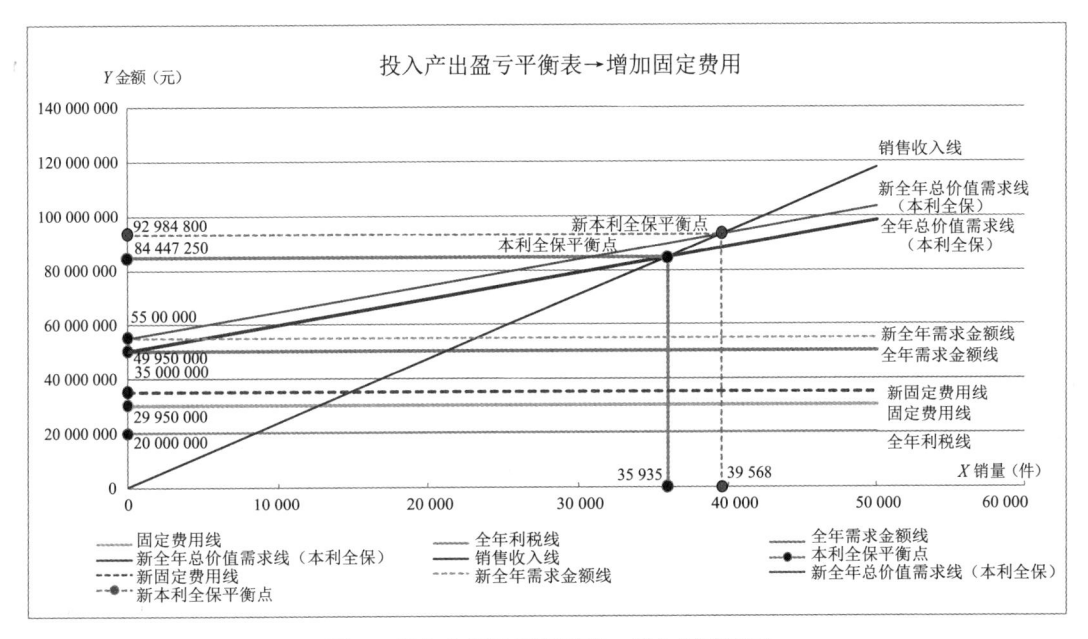

图5 投入产出盈亏平衡表→增加固定费用

注：本表以图2作为母版，在其他数据不变的情况下，通过增加固定费用，致使产销量必须增加才能重新实现本利全保。如图，固定费用从原来的29 950 000元增加到35 000 000元(净增5 050 000元)，抬高了固定费用对产品产销量的需求(即对产品贡献的需求)。当产销量达到39 568件时(比原35 935件多出3 633件)、销售收入达到92 984 800元(比原来84 447 250元多出8 537 550元)时，才重新实现本利全保。新的本利全保点比原本利全保点向"右"移动。

7. 表6 价格上涨所需数据结构

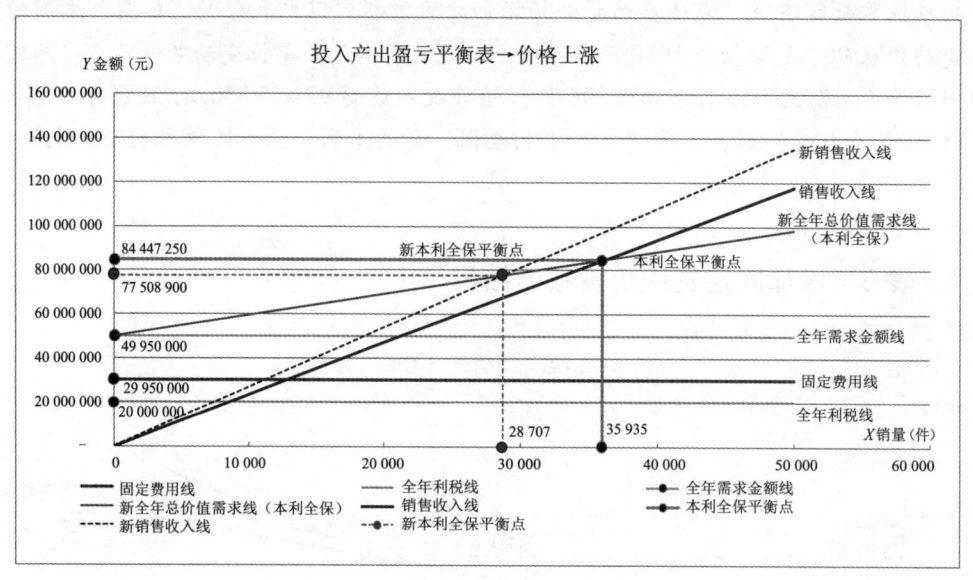

图6 投入产出盈亏平衡表→价格上涨

注：本表以图表2作为母版，在其他数据不变的情况下，通过上涨销售价格使单位贡献增加，本例的产品单价从2350元，增加到2700元，净增350元。致使减少产销量提前实现本利全保。如图单价上涨后，销售收入线上涨幅度呈现抬升，当产销量达到28 707件（比原35 935件减少7 228件）、销售收入达到77 508 900元（比原来84 447 250元减少6 938 350）时，就实现了本利全保。新的本利全保点比原本利全保点向"左"移动。

8. 表7 价格下降所需数据结构

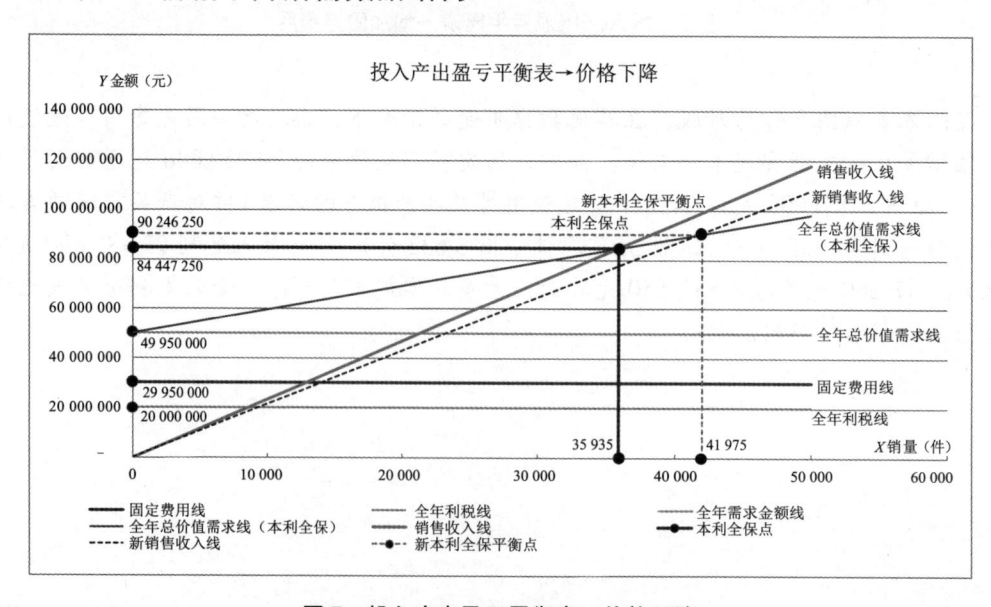

图7 投入产出盈亏平衡表→价格下降

注：本表以图表2作为母版，在其他数据不变的情况下，通过降低销售价格使产品单位贡献减少，需提高产销量才能实现本利全保。如图，本例的产品单价从2 350元，降低为2 150元，下降200元。单价下降后，致使销售收入线上升幅度呈现下降。当产销量达到41 975件（比原35 935件增加6 040件）、销售收入达到90 246 250元（比原来84 447 250元增加5 799 000元）时，才能实现本利全保。新本利全保点比原本利全保点向"右"移动。

2.18 两个系统与ERP区别

1. 目标突显方式独特

企业运营目标就是要实现利润最大化，所有部门的各项业务运作都必须为实现这一目标服务，而ERP的关注点主要在"把事做对"上，必然导致内容宽泛易冲淡目标。

"投入产出运营管理系统"核心目标就是如何保证实现利润最大化，这既是出发点和归宿又是一切工作的准则，比国内目前主流ERP系统在运营目标筹划方面的功能更为突出。

"投入产出运营管理系统"提供给管理团队从利润→费用→产品→销售→贡献→计划→执行→统计→偏差→异常→跟进→达成→决算→报表→考核一整套运营管控功能。

2. 预算执行管控决算

国内主流ERP是以财务核算为主，用的是"复式借贷记账法"不易被理解，很难一目了然看清楚企业运营实际过程中存在的问题及因果关系。

"投入产出运营管理系统"采用5大指标（盈利目标、费用预算、产品贡献、销售收入、销售贡献率）并将5大指标分为月计划，可使运营与核算并轨实现。用指标（标准）与实际（偏差）对比法替代抽象的复式借贷记账法，这一做法利于管理团队把职责与任务指标同时担负起来，这是一项中国式的运营管理模式创新。

"投入产出运营管理系统"按产品销售计算投入产出，按生产投入计算资金占用，按计划价与定额标准计算料费，按采购差价与超领计算损耗，按费用实际发生调整预算，按统计未完督催，按实际完成决算，按责任失误方进行考核。

3. 模块结构对接管理

ERP系统将一切功能及流程都按计账需要设置，这无形中弱化了企业运营中其他管理功能的作用，导致企业整体管理功能并没有被增强。

而"投入产出运营管理系统"以企业投入产出为主线，牵动运营各部门必须各尽其职发挥作用，充分体现在各部门业务运行及其所分担的任务指标中。该系统的运作方式是在对5大指标进行平衡确定的同时分解到月，做好全年的量、本、利测算规划，以确定各项计划任务指标能够落实到 12 个月中。

该系统依托各项业务（技术）定额标准作为管控基础，以实际发生数据与定额指标（计划）的偏差作为管控对象，充分运用计划与统计手段实现从日管控到周、从周管控到月、从月管控到年，各项定额指标、计划统计、偏差责任都能对应到主管部门和岗位，利于系统功能与部门岗位实现业务对接。

该系统的指标达成率、偏差原因可一目了然，比财务事后算账再反回来找原因的先后顺序逻辑大相径庭。即标准与实际、计划与实际、差异与原因、超额与占比清晰易懂简明扼要，利于将管理能够实际落地。

4. 操作界面对应岗位

国内主流 ERP 常使操作者如入八卦阵，要想熟练掌握本岗位在系统中所有操作功能点并非易事，同时又有许多系统的功能点被闲置，这些问题都制约或削弱了系统功效的发挥。企业"上 ERP 找死、不上 ERP 等死"早已成为众多民企难以解开的"死结"。

"投入产出运营管理系统"的目标是实现投资回报，必要条件是各项费用开支，充分条件是产品贡献及贡献率，结果是销售收入必须确保实现产品的销售贡献额，基本公式是销售贡献额=利润+固定费用，或销售收入=利润+固定费用+变动费用。

显然，销售收入、各项费用和相关岗位职责都与 5 项指标紧密衔接，指标明确、逻辑严谨、责任清晰、易懂易操作非常容易，成为该系统的一大亮点。

5. 抓全工序计划管理

国内主流 ERP 回避企业的"全工序与全要素"计划管理这一重要领域，任凭大批传统制造型民企生产管理粗放、生产工时大量流失，使生产现场的"人机料法环"长期因缺乏计划管理而处于混乱状态，根本无法实现有序生产，生产现场"脏乱差"现象成为绝大多数民企的通病，不断产生着各种浪费，这也正是广大民企成本居高不下的根源所在。

"全工序计划"指对产品生产过程所有工序编制完整的作业计划，是铲除"工时黑洞"的唯一手段。"全要素计划"指编制所有工序中相关生产要素计划，即"人、机、料、法、环"计划，这是"全工序计划"的有机组成部分。"全工序计划"+"全要素计划"可为生产在制品管理、生产资金占用管理、设备负荷管理、动能管理提供精准的计算依据。

"生产现场精益管理系统"通过"全工序计划"+"全要素计划"能彻底消除企业在生产现场管理中现存的"工时黑洞"和由此带来的资源浪费，再加上工序计件制就一定能够充分调动一线员工的生产积极性，最终可让国内众多的传统制造型企业实现生产周期减半、产量增 30%、资金占用降 30%、全年综合效益提高 30%，前提是必须真抓实干。

第 3 部分

◇ 回顾以往，分享借鉴

3.1 连续创新

1984 年，中国机械行业首家合资企业北京吉普诞生。北汽开始二次创业，年底首批整车（BJ121 型卡车）下线。笔者从 1987 年 3 月—1990 年 7 月担任北汽总装厂生产副厂长、常务副厂长、厂长。

该厂成立才两年多已换 4 任生产副厂长，加上新厂员工素质较低，各方面管理薄弱，突出表现在如下方面。

（1）装配质量差，错、漏、松、反装配与刮伤磕碰严重。

（2）班班甩车欠产，经常完不成日总装计划。

这两大顽症让分厂和总厂的两级领导非常焦虑。

1987 年 4~9 月，笔者主持开发了"计算机生产管理信息系统"。首创国内汽车装配流水线实施多品种混流生产的"计划与物料配送管理模式"，攻克了按节拍、对车位、按班配送零件这一当时国内几家汽车厂的管理难题。取得了良好的济效益：

（1）在系统实施前的 4 月份因零件配送混乱造成待料时间共 1 111 分钟，约合 2 个半工作日，即 5 个班的产量。在系统投入运行后的 10 月份降至 10 分钟，下降率为 99%。

（2）由于降低了因管理粗放而造成的零件超耗，所以从平均每月超耗 30 000 元减少至 8 000 元，降低率为 73%。

（3）消除了因不同车型换线每次需要停产 4 个小时的产能损失，每月换线约 8 次，即减少 4 个整班的产能损失。

综合以上降损因素，全月可减少无功损耗 25%。

该项目荣获北京市科学技术进步三等奖，这在当时的中国汽车行业内是绝无仅有的。

1988 年 5~10 月，笔者又主持开发了"BJ121 总装配线自动控制与微机管理联网"项目。通过可编程控制器与管理微机联网，实现了对总装线 9 个关键控制点的实时监控，包括如下功能。
（1）使各条流水线同步运行。
（2）自动调节线速。
（3）监控底盘翻转。
（4）监控发动机分装线与总装线对接。
（5）监控内饰车身线与总装线对接。
（6）监控内饰车身下落升降安全网。
（7）监控加油点。
（8）监控加水点。
（9）监控整车下线。

该项目取得的成效如下。
（1）对所有监控数据的实时记录，供调度员随时掌控偏差并及时协调指挥。
（2）大大降低了信息滞后给生产管理造成的延时损失。
（3）大大提高了设备运行安全系数，利于稳定整车装配质量。

该项目荣获北京市新技术应用二等奖，这在当时国内汽车行业处于领先地位。

1989年3~5月，笔者领导开展了总装和内饰车间的"四保"和"两挂"改革，即保质量、保安全、保消耗、保文明生产，以及挂岗位工资、挂奖金分配激励机制。由于立意正确、机制合理、组织严密、准备充分，因此改革在总装和内饰两个车间的400多名员工中，从提出方案、动员部署、组织实施做到一次成功。

历经80多天的改革，取得了如下成果。
（1）使一线职工积极性充分调动起来，劳产率平均提高30%，发动机分装线提高100%。
（2）使汽车装配质量全面提升和稳定，接连出现"白本下线车"（即无质量问题记录）。
（3）安全文明生产达到历史最好水平，平均每平方米落地锁紧件不超过1件。
（4）实现甲乙两班全月每天都能安全、准时、保质、保量完成任务指标的可喜局面。

以前因为"大锅饭"造成的"粗制滥造"和"甩车欠产"这两大顽症，从制度源头上得到了彻底解决，一是改革促使有铁饭碗意识的人转变了劳动态度；二是公平分配激励了能者多劳，多劳多得，多做贡献。

这次改革的成功充分证明按经济规律办事与尊重人性的巨大作用；同时表明只有靠管理创新实现企业革新挖潜一定是大有可为。

3.2 多机看管

1996年7月，笔者来到汕头春源集团任生产部长，后任副总裁。在大底厂（制鞋）EVA（Ethylene Vinyl Acetate，乙烯-乙酸乙烯酯共聚物）发泡流水线面对质量与效率双低的难题，推行"两人一组多机看管"模式，具体的做法是：

(1) 测定一组成型模的填料和卸料时间。
(2) 测定一组成型模的发泡周期时间。
(3) 发泡周期÷填卸料时间=每组可看管模具套数。
(4) 流水线上模具总套数÷一组工人可看管套数=需要员工组数。
(5) 组数×2 人=流水线定员。
(6) 设 2 名机动工。
(7) 核定出 1 次填卸料的计件工价。

为保证质量，首先采取按工艺要求严格控制蒸汽温度和气压、下料尺寸、锁紧公斤力、发泡周期这 5 个关键环节，确保达成；其次规定不合格品不计算工钱，如废品率超标，则倒扣一定比率的计件工资；最后安排质检员每模抽检，如后道工序发现不良品超标时，按同样标准规定处罚质检员。

结果不足 3 天，日产量就提高了 300%，产品合格率从 40%左右上升到 95%以上。

3.3 17 天翻番

1999 年，我们承接了广东某集团公司的咨询项目。从 10 月 13 日开始的 17 天里，为协助工厂将出口野餐桌从每月生产 10 个货柜提高到 40 个货柜的目标，我们对家具厂实施了按劳分配机制改革。即推行计时定额、计件工资、现场鼓动 3 项措施，实现了 17 天使月产量翻两番，从日均生产 250 套/件升至 1 100 套/件，提高了 340%。为公司挽回了外商信誉，避免了罚金损失。如果全月都按这样高的效率工作，预计可翻近 4 番，提高 680%。

1. 突破面板组装瓶颈

10 月 13 日，上班后笔者先来到面板简易组装线，只见线头 2 人、两侧各 3 人、线尾 2 人。工人大都是刚进厂几天的，操作内容为在面板四边安装涂了胶的边框，面积约为 400 mm×700 mm。

笔者组织员工采用流水作业法并告诉大家这样一定会超过那些"单干户"（指个人完成全部工序）。笔者一边往传送带上配放部件，一边指定员工接收部件组装。每隔 1 小时笔者就向大家通报已完成件数，告诉大家又比前 1 小时多干出多少件，大家还有潜力，加油！

这一天的产量提高了 47%，副厂长第 2 天组织单干的老员工上线开了夜班。于是两个班展开了竞赛，仅两天后就使产量翻番了。

2. 突破面板砂光瓶颈

第二天笔者来到面板砂光组，十多名满身木灰的工人在不停地打磨（正面）。笔者和副总看了十来分钟无一件完工。副总问笔者："你看打磨 1 件要多长时间？"笔者沉思片刻答:"4分钟1件,1分钟6分钱,打磨1件两毛肆。"他听后微微点了一下头。

大约下午3点多,笔者对工人说:"我们开始按计件工资干,每件两毛肆。实行多劳多得,大家看怎么样?"沉默约有数秒后,一名河南籍中年男子抬头问笔者:"你说话算数吗?"笔者立即回答:"算数!"大家立即回到工作现场努力干起来。质检员也随之参与,她告诉大家:"你们每人做好10件后再来找我验收。"笔者肩挎半导体小喇叭,在现场不停走动提醒员工:"要保证安全和质量!多劳多得啊!"仅两天时间,这道工序也翻番达标了。

副总很快就宣布对组装后不合格的面板按每件叁毛钱返工,返工效率突飞猛进。之前人均一天最多维修一两块,现在每天可维修6~8块;同时笔者从源头抓起对边框条的机加工尺寸做了沟通管控,彻底根除了此类不合格品。

3. 突破撑条砂光瓶颈

笔者来到支撑条砂光组发现补土跟不上砂光和二次砂光存在做虚工现象,于是当场进行了调整,一是在一次砂光前增加1名分拣工,将不合格料先挑出来,不再浪费砂光工时;二是规定补土定额为每小时200条,当天支撑条砂光组就达到了目标产量的要求。

4. 用坐标图作为看板

与此同时,笔者让助手用坐标纸画了一张"计划完成统计表",上面标有24种零件。按24种零件的单位用量标出各自对应18 000套野餐桌所需的计划数量图标,并标出每种零件当前已完成数量的图形高度,用两种颜色的柱形图清晰地显示实际完成与计划目标的差额。每天上午9点,助手会将昨天两班实际完成数标在坐标图上,以这种简捷方式给出各班组应继续生产的目标数。这样既可作为每天的计划看板,又可指导督催短线,简捷高效地指引员工朝着最终目标奋力追赶。

5. 比学赶帮超的作用

每天晚上9点,笔者都会召集两班员工开会,公布昨天夜班和今天白班完成数据。表扬提升幅度最高的班组,鼓励大家再接再厉。这种鼓动作用很大,员工们的热情日益高涨,形成了前后工序相互支援抢进度的可喜局面。

到10月29日,完成了当月出口订单的40个货柜(实际产量完成41个),比之前每月的10个货柜增长了310%。人工费从每个36元下降到6元,降低率为83%,而员工的收入平均增长了30%。

3.4 自动配货

2000年我们承接了广东某集团公司的咨询项目，当时存在的抢单问题：一是该有的得不到，二是不急的先拿到，三是人浮于事。

当时集团使用的是福建某软件公司开发的系统，通过与对方老总沟通最后确定"先分季节、后分南北、再分店级、逐级定量、循环分配"的系统配货模式。1个月后"成品分配模块"诞生，应用效果如下。

（1）服装按投产计划的品种、规格、数量在完工后不需要各地跟单员来抢货，而是由系统按配货规则迅速准确地逐店逐件开出备货单。

（2）仅需要2名跟单员，其他跟单员调往新的岗位。

3.5 又一翻番

2000年7月11日，笔者应邀到某集团公司兼职，要一起应对亚洲金融风暴给公司经营造成的资金短缺困局。7月下旬，公司在赶做一单运往美国的秋季夹克上装。生产进度一拖再拖，最后交期定在9月2日。

8月14日上班后，生产部长因无法按时完成任务提出辞职。按当时每天只能完成250件预计，剩余的23 000件还需要92天（已完成的4 000件成品中就有2 000件次品），而距离限定交期只剩下19天。

时间紧、任务重，为了解决这一问题，公司果断地采取了动员骨干、逐日攻关、重点工序计件、严控质量、及时统计、鼓动宣传、表扬先进、关心生活、按周发薪、以身作则等多项措施，7个工段管理和工人很快就从低落的士气中被重新鼓动起来。

通过公司的动员，给广大员工讲形势，讲困难，讲大局。并且表扬重点岗位员工连续超额完成指标的事迹，唱革命歌曲和样板戏，播放员工喜爱的流行歌曲，感谢其他厂前来支援的工友等。一时间形成了全厂热火朝天地抢任务的感人场面，每个人的心都被打动了。

14日当天产量突破470件，以后逐日攀升，9月1日当天达到最高峰的1 437件，9月2日25 000件全数出货。

这又是一个翻两番的案例，连续19个工作日完成了23 000件。平均每天完成1 210件，这是之前每天平均完成250件的4.8倍，提高了384%。

从这个案例中，我们可以看出人的主观能动性是很强的。团队的能量存在着巨大扩展空间，危机的挽回得益于大家能够齐心协力。这就要求我们高管必须首先做到相信并尊重员工，取信于员工，非常重要的是要用力所能及的办法去引导激励员工与他们荣辱与共。

3.6 三者互动

在企业的正常运营中，如何处理好效率、质量与安全之间的关系，它们之间不会产生矛盾，应如何去协调达到三者互动平衡？

经过反复实践，最终发现效率与质量及安全生产之间并不存在矛盾，反而存在内在的一致性。具体的内容是：

（1）在发动员工提高生产效率时要明确提出以安全生产及质量合格为前提；否则等于白干，甚至是赔本赚吆喝。

（2）员工心里都清楚返工 1 件的时间可干出 5~10 件合格产品，只要检验监管到位加上后道工序能客观地暴露前面的问题，就能促使员工向保证质量这个方向努力。

（3）效率提高必须以各种生产要素处于常态下运行为前提，这与人的合理操作及重复熟练规律恰好一致，加上连续生产的惯性就能够形成正确合理稳定的工作状态。这种状态非常利于产品质量的稳定，也不易发生安全事故。

（4）提高效率是向科学要，向人的主动性和积极性要，绝不能单纯靠延长时间来"增效"。否则会一没效率，二会增加费用，三会增加安全隐患。

（5）效率与质量及安全存在正相关的规律只要三者协调互去，就会达到节能增效的目的。

3.7 创新运用

笔者早在 20 世纪 80 年代就曾学习过前苏联经济学家列昂捷夫提出的"国民经济投入产出计量经济模型"，它成为笔者后来设计开发"投入产出—经营控制系统"的理论基石。

（1）模型结构。

模型结构以国民经济所有产业部门为序列，组成产业部门序列关联表。即"投入产出矩阵表"，表的后半部分对应各产业部门的"最终实物产品产出总量"。

（2）模型原理。

国民经济中的每个产业部门，在其生产最终产品的过程中需要耗用相关部门（包括本部门）一定数量的"最终产品"（按单位消耗系数表示）。这个过程中的"消耗系数"即为"投入消耗"，得到的"最终产品"是各部门的"产出成果"。产出价值必须>投入价值，这里包括最终产品的数量与价值的同向增长，尤其是价值的增长。

"投入产出矩阵表"的精髓表现在笔者经过多年探索后逐渐形成的"3 个流"与 6 条链中第 6 条即投入产出链，笔者在 2003 年提出"投入产出绩效管理平台"的管理模式。

注：笔者最初提出 3 个流与 6 条连，后来完善成 4 个流与 6 条链。最先提出"投入产

出—经营控制系统",最后演变成"投入产出—运营管理系统"。

"投入产出绩效管理平台"模式见下图。

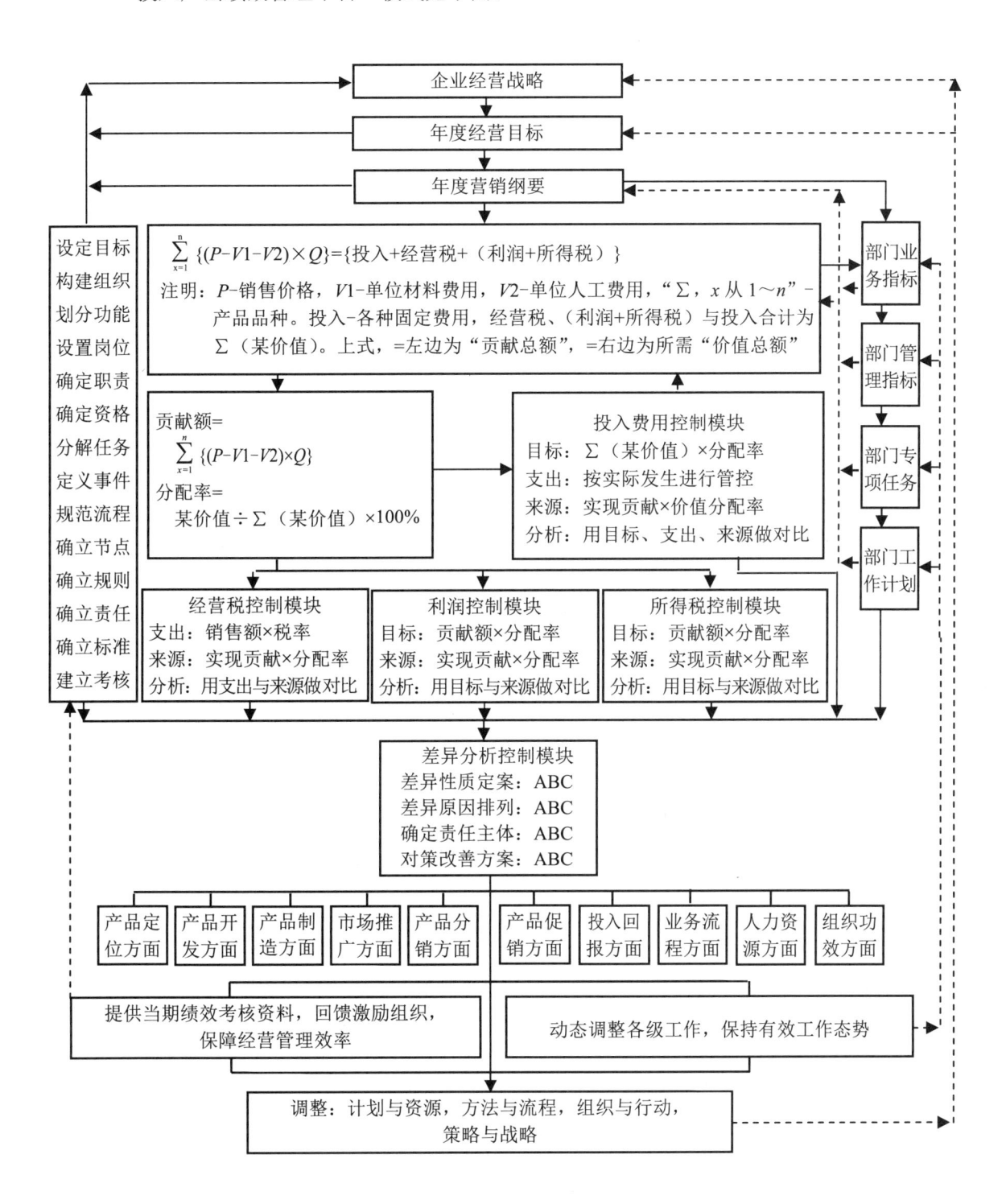

企业经营战略

年度经营目标

年度营销纲要

设定目标
构建组织
划分功能
设置岗位
确定职责
确定资格
分解任务
定义事件
规范流程
确立节点
确立规则
确立责任
确立标准
建立考核

$$\sum_{x=1}^{n}\{(P-V1-V2)\times Q\}=\{投入+经营税+（利润+所得税）\}$$

注明：P-销售价格，$V1$-单位材料费用，$V2$-单位人工费用，"Σ，x 从 $1 \sim n$"-产品品种。投入-各种固定费用，经营税、（利润+所得税）与投入合计为 Σ（某价值）。上式，=左边为"贡献总额"，=右边为所需"价值总额"

贡献额=
$$\sum_{x=1}^{n}\{(P-V1-V2)\times Q\}$$
分配率=
某价值÷Σ（某价值）×100%

投入费用控制模块
目标：Σ（某价值）×分配率
支出：按实际发生进行管控
来源：实现贡献×价值分配率
分析：用目标、支出、来源做对比

经营税控制模块
支出：销售额×税率
来源：实现贡献×分配率
分析：用支出与来源做对比

利润控制模块
目标：贡献额×分配率
来源：实现贡献×分配率
分析：用目标与来源做对比

所得税控制模块
目标：贡献额×分配率
来源：实现贡献×分配率
分析：用目标与来源做对比

部门业务指标

部门管理指标

部门专项任务

部门工作计划

差异分析控制模块
差异性质定案：ABC
差异原因排列：ABC
确定责任主体：ABC
对策改善方案：ABC

| 产品定位方面 | 产品开发方面 | 产品制造方面 | 市场推广方面 | 产品分销方面 | 产品促销方面 | 投入回报方面 | 业务流程方面 | 人力资源方面 | 组织功效方面 |

提供当期绩效考核资料，回馈激励组织，保障经营管理效率

动态调整各级工作，保持有效工作态势

调整：计划与资源，方法与流程，组织与行动，策略与战略

2012 年 6~12 月，笔者带领团队开发完成"投入产出—运营控制系统"。其主要功效为在企业还没上 ERP 之前可起到掌控全盘经营的作用；在上 ERP 之后可突出目标与决策管理功能，进而可以辅助管理层从掌控全局迈向系统管理。

目前笔者和团队成员正在以 ZL 模式为主线，加速铺设这条能够快速提升企业管理的通道。可以展望在今后的三五年内，我们一定能够创建起中国企业高效的管理体系，即"中国式企业管理系统"。它必将为推动中国企业管理的快速进步，起到引领和基础支撑的积极作用。

3.8 厚积薄发

2004 年笔者正式担任曾在 1999 年实现过月产翻两番的某集团公司常务副总裁，协助董事长推进了内部管理改革，具体内容：

（1）健全组织架构。
（2）健全目标责任制。
（3）实施指标考核。
（4）优化产品组合。
（5）健全工艺定额。
（6）控制成本费用。
（7）提高全员劳产率。
（8）确保产品质量。
（9）确保公平分配。
（10）推行卓越绩效。

笔者在任职期间完成的主要工作内容：

（1）分管过一年半产供销系统，创建了"三月滚动计划管理模式"。
（2）进行过 4 轮组织设计和部门岗位绩效考核方案优化设计。
（3）主持每月绩效考核工作。
（4）组织落实董事长提出的各项管理专项任务。
（5）在某分厂全面推行计件改革，主持开发"家具 MRP-II"，使该厂劳产率高出兄弟厂 80%以上。员工稳定率居公司之首，从"抢厕所"变成"抢任务"，充分显示出多劳多得、按劳分配的作用，以及管理信息化对实现计件工资的保障作用。
（6）全程参与广东省首届质量奖评选，以笔者提出的 4 个流与 6 条链管理模式赢得管理创新加分。
（7）在家具计划、生产、采购、仓储部门推行物控管理模式。
（8）在计划、采购、财务部门之间建立资金计划管控的流程。
（9）在整个生产系统创建 4 个流与 6 条链的管理模式。

这些管理实践为笔者在 2010 年 8 月全面提出 3 纵 4 横 20 个系统积累了宝贵经验，特别是为笔者在二次创业中开发"投入产出""运行管理""组织管理"和"绩效考核"4 个系统奠定了需求分析的基础。

笔者在任职期间进一步领悟到放弃科学管理企业将会继续在混沌中徘徊，而脱离实际的管理将永远飘在云里。这两个理念成为笔者二次创业的座右铭，始终在指导笔者前行。

笔者在集团任职期间，留下了《产供销管理手册》《改革方案》《管理随笔》《家具 MRP Ⅱ》《物控管理模式》等资料，以回报董事长的知遇之恩。

3.9 蓄势而发

他是一位国内知名的温州籍民营企业家，天津市政协常委，天津某集团公司董事长。旗下有服装、投资、房地产等多家实业。

2009 年这位企业家向笔者提出了如下 4 大管理课题。

（1）如何才能提高团队的沟通效率？
（2）如何才能亲自指导和培养人才？
（3）如何才能使每位员工都努力工作？
（4）如何才能搞好员工的绩效考核？

笔者的认识如下。

（1）4 大管理课题对民企老板具有普遍意义，值得我们认真研究并拿出解决方案。
（2）这些课题同属管理范畴，是密不可分的，核心主体都是企业中的人。
（3）这些课题都可以集中体现在人的工作质量和效率上。
（4）除了课题（2）外，其他 3 个课题都与团队中的每位成员密切相关。

笔者最终决定建立"管理金三角"，分别用其中的 4 个系统来解决民企内部的所有管理问题，其中的"运行管理系统"可以直接解决上述 4 个课题。

（1）用部门职能及岗位职责来明确各部门及各岗位的管理范畴。
（2）用工作计划及事项计划明确规定各项管理任务的内容、分工、要求、责任、时间、标准、稽核、指示，以便形成各项工作的组织者、执行者、稽核者、领导者之间的责任定位及落实。
（3）用计划拖延或执行未达标及其产生的后果作为考核岗位，以及部门工作失误的依据。
（4）用发起工作来表现相关部门岗位人员的工作关联及相互需求或要求。
（5）用配合工作来表现相关部门岗位人员的工作配合程度及效率。
（6）用该发起未发起、该配合未配合，发起不到位、配合不到位来暴露问题、预计后果、确定失职及程度，作为考核岗位及部门主管失职或失误的依据。
（7）用本人待办工作、本人配合工作、本人工作延迟、本人工作失误及预计后果、稽核结果提示等信息动态提醒每位相关人员，使其提高工作时效和工作质量。
（8）用会议管理提高事先通知率、参会准时率、开会沟通率、纪要完整率、纪要送达率、纪要落实率、问题反馈率、后续跟进率、落实达成率、问题重提率。

（9）用文档管理来保证文件的规范管理，以利提高核对效率、查阅效率、学习效率，以及文件使用功效；同时还可通过对未定稿文件及作者进行即时查询，掌握其工作效率。

（10）用费用管理提高公司费用预算及办理开支运行功效，做到既可掌控，又十分便捷。

（11）用考勤管理提高公司人事及管理层掌控员工出勤纪律状况的效率，也是实现对每位员工工作时间长度进行掌握分析的便捷手段。

（12）用关系管理提高掌控公司外联业务资源的功效，也可掌控对外业务人员的工作质量及效率，可随时为公司积累公共关系资源。

笔者认为"运行管理系统"可以从上述 12 项功能方面达成以下效果。

（1）可以为公司各级组织的负责人提供一个掌握信息、发挥职能、协调工作的信息平台，以确保能够及时获取发挥职能作用所必需的各种资源条件。

（2）可以为团队每位成员提供一个专用、便捷、开放式的工作与沟通平台，以确保能够及时获取发挥本职作用所必需的各种条件，特别是相关岗位的配合。

（3）可以促使团队所有成员按照"我为人人，人人为我"的关系准则努力尽职尽责，做好本职工作，不断提升业绩水平。通过积极努力地支持他人工作的同时得到他人的支持，从而产生 1+1>2 的团队工作绩效。

（4）可以及时暴露各岗位及部门在工作中的拖延及失误，利于被牵涉者能分清责任界限，以及考核者准确判定。从而扬优除弊、扶正祛邪、鼓励先进、鞭策后进，形成公平公正的工作氛围。

（5）可以在工作实践中带队伍培养人才，边干边学，边学边做。坚持真理，修正错误。互相学习，取长补短。辨别对错，避免重犯。吸取精华，加快提升。

（6）可以在工作中考察态度，在是非中辨别中坚，在矛盾中展现胸怀，在利益中检验品德，在实践中选拔人才和培养人才。并且量才而用，依德授权，建设团队。发展看人，实现共赢，不断成长。

3.10 用好 Excel

Excel 早已是世人皆知的通用型办公及管理工具，无论是其丰富的功能，还是人人都熟悉的操作形式，均为已成为企业管理者的好帮手。

笔者对 Excel 的认识如下。

（1）对于企业内部管理来说，许多小范围的业务处理都可以采用 Excel 辅助实现。

（2）可运用 Excel 尝试建立解决各种管理问题的具体模式，对比多种方案后选择较为适合的。

（3）如果 Excel 的解决方案能基本满足需求，则应继续用下去；否则说明管理水平已达到一定高度。其系统性和深度已相当不错，也说明管理者在运用 Excel 过程中验证了管理模式的各种流程及实现逻辑，这一点是至关重要的。此时可以沿着 Excel 已实现的功能路线对管理模式进行优化与完善，作为随后对该管理模式进行系统开发或引进其他管理软件的有力支撑。

（4）Excel 的确是企业基础管理的好帮手、深入的好向导、优化的好工具、提升的好阶梯，将其用好并能用到极致，就等于在把世界级的管理信息系统智库以最低成本应用到本企业中来。

基于以上各点，我们在 2012 年初组织实施了天津某家具企业的"物控管控模式"。这个模式实现了从该企业的物料需求计划→储备管控→采购管控→收发管控→库存管控→缺料管控→超储管控共 7 项功能，可以省去因失败风险而必须进行的项目投入评估。这个模式在该企业运行了 3 年多时间，完全实现了设计功能，为后续引进成型的管理软件提供了物控管理模式方面的详细需求信息与各种运算逻辑表达式。

这套方案的实施再次证明了物控管理功能采用 Excel 实施完全符合国内约 70%家具企业的管理需要，是一个可以帮助企业"提升一大步、可接受、可实现、可带来本期效益"的实现物控管理模式良方。加上 Excel 软件正版的使用费，也仍是一个低成本的物控管理信息系统解决方案。

3.11 实践检验

"实践是检验真理的唯一标准"，我们在国内首创的"投入产出—运营控制系统"于 2012 年 11—12 月在天津某服装企业进行了正式实施，之前在汕头一家企业的玩具事业部已上线运行。两个厂家的实施效果如下。

（1）该系统的市场定位、功能定位、模块设计、逻辑设计、界面设计、系统操作设计适合大多数生产型企业的需要，尤其是有利于企业全面提升管理水平的需要。

（2）投入产出最明显的效果在于对民企老板来说，既能随时看到所关心的各项重要经营数据，又能通过系统平台及时发布新的指令，清晰全面地掌控整体经营状况；对高层来说，既实现了与老板沟通达成对各项经营指标的共识，又能掌握各项经营指标的完成进度及偏差，可及时采取措施确保各项经营指标的实现；对财务部门来说，既建立了各项经营预算目标，又能得到目标实际完成的数据及偏差，可从销售收入、费用支出、成本构成、利润实现 4 个方面为老板提供改善建议；对销售部门来说，既实现了产品销售计划的编制，又能掌控销售收入、销售贡献、保本平衡点、产品贡献率、渠道贡献率等各方面数据，能够更主动、更充分地发挥营销团队的作用；对生产部门来说，既实现了产品生产计划的编制，又得到了材料投入、人工投入的计划定额。能更好地配合实现销售计划，并控制生产成本费用；对实施信息化来说，用了 ERP 的企业可重点应用该系统的指标规划功能，暂时还没有上 ERP 的企业可把该系统作为简约 ERP 来使用。

"投入产出—运营控制系统"需完善之处，一是要能按不同企业对管理的粗细程度要求做双项选择；二是本系统如何与其他系统实现数据共享，提供清晰的数据交换逻辑。

3.12 模式创新

2012 年 12 月，我们荣幸接到上海某儿童用品有限公司的"智能经营管理系统"开发项目。经过对公司的初步调研很快发现，一是该公司整体商业运营模式的创意非常大胆、先进、合理、可行，在业内堪称首创；二是公司现有的信息化基础，已为本次创新整体商业运营管理模式奠定了较好的基础。

合作项目一期需要开发的整套业务流程非常清晰，因此双方在短短几天内就签订了合作协议。

项目开发成功产生效果如下。

（1）为该公司提供了最基本的 3 大核心业务功能，即优质高效开发、敏捷高效分销、精准高效供货。从而形成了市场的快速反应机制，为不断提升公司品牌竞争力提供了有力的双手。

（2）为设计师、经销商、生产商、运营商、消费者都带来了丰厚的回报，使经营者降低成本增加了收益；使劳动者发挥出才干增加了收入；使消费者对新、美、优、快的需求得到最佳满足，5 大主体实现了共赢。

项目开发成功的意义如下。

（1）可极大地扩展该公司在产品设计、客户分销、工厂生产、材料供给 4 个方面的可利用资源，开启业内"设计管理中心""客户管理中心""供应商管理中心" 3 大核心业务智能管理信息平台。

（2）由于用信息化系统将所有关联业务及主体操作都集中到网络平台上互动因果，所以这种运行模式可大大提高各方经营主体的沟通与决策效率，从而大大缩短了从产品设计到消费者购买的周期。

（3）由于采用扁平化、信息化的商业运营模式，因此大大精简了中间的经营环节、管理环节、物流环节，为经销商、设计师、生产厂、供应商、运营商和广大消费者带来"成本降低效益增长、才能发挥收入增长、接单快捷收益增长、供求精确消费增长、广集资源空间无限、良性循环创造福祉"的巨大社会整体共享的经济效益。

从本项目的开发可以预见到国内其他行业也将会广泛采用这种新的商业运营管理模式，它会给企业的发展注入新的活力和动力；同时也给企业管理信息化提供新的商业运营管理模式和开发方向，是一个企业信息化模式扩展创新的新机遇。

3.13 "投入产出模式"应运而生

2014 年我们接到一家大型玩具出口商的"运营绩效管理系统"项目，这是我们第 2 次运用"投入产出模式"帮助企业定制管理系统，直至今日这家公司还在不断提出扩展该系统的功能范围。这个系统已成为公司高层及运营管理团队非常高效的运营绩效管理平台，对国内玩具生产出口型企业具有普遍的适用性。

1. 企业老板心愿

（1）把日常经营交给管理团队，集中精力抓资源整合，创建企业新经济增长点。
（2）拼搏奋斗几十年，已撑起一片天，渴望有休闲时间去体验享受美好的人生。
（3）确保能够全面掌控公司的经营现状，最好达到随机抽查且精确无误的程度。
（4）在市场日益激烈竞争环境中，能确保公司继续创造效益，可持续增长最好。
如能实现以上各项目标，企业老板愿意拿出一部分利润作为红利与管理团队分享。

2. "投入产出模式"应运而生

企业老板的心愿是我们开发"投入产出模式"的缘起，帮助企业老板与高管，同心协力实现以上4个心愿，正是我们的希望与追求。

通过提升管理水平使企业能够健康持续地发展，实现增收增效，这是全员共赢的保障。

3. "投入产出模式"3个过程

（1）经营过程：投入为了获利，投入必须产出，产出要超出投入，先花钱，再赚钱。
（2）运营过程：占用资产、垫付资金、制造产品、满足需求、收入抵成本获得利润。
（3）管理过程：投资回报、支出费用、销售贡献、保本盈利、解决问题、提升效益。
用"经营控制系统"实现以上3个过程就是投入产出，目的就是要帮助企业提高效益。

4. 如何实现"投入产出模式"

（1）高层定盈利目标：重点是从资产出发，以回报率为前提，提出全年的盈利目标。
（2）财务定费用目标：重点是从连续经营出发，规划各项费用指标，支撑实现盈利。
（3）部门定产销目标：重点是供产销部门联合筹划供、产、销目标，达到贡献总额。
（4）循环平衡目标：重点在分销与产销平衡，产销与费用平衡，产销再与盈利平衡。
（5）决策确定指标：重点在实现总体平衡，缺口可控可承受，确定供产销指标底线。
（6）全年指标分解：重点在按照销售与生产数量时间分布，分解各月产品费用指标。
（7）统计指标完成：重点在逐天、逐月统计各项指标完成数据，连续统计全月全年。
（8）显示达成结果：重点在按天累积到月、按月累计到年，显示实际与目标的对照。
（9）分析偏差原因：重点在找出实际与目标出现偏差的原因，及造成原因的责任主体。
（10）采取应对措施：重点在针对实际偏离目标的后果，由责任主体拿出有效措施。
（11）跟进措施落实：重点在责任主体及上级主管要及时跟进措施实施，并取得效果。
（12）努力达成目标：重点在所有指标承担部门都必须如期实现自身的指标及措施。
（13）改善优化经营：重点在所有指标承担部门都必须根据经营成效结果组织改善。

5. "投入产出模式"的作用

（1）能为企业提供经营计划与管理模式，能够帮助企业高层筹划制定并实现目标。
（2）将经营目标分解成利润、费用、贡献、产销、分销、收支、占用、资金指标。
（3）将全年指标分解到12个月，并逐个分派到各个经营部门，作为各月任务指标。
（4）对各部门指标执行情况可以做到按天动态管控到全月，按月动态管控到全年。
（5）可以设定各项指标未达标和现金流紧张的报警线，以便高层额能及时采取对策。
（6）可以通过各项指标达标偏差，显出因果数据进行对照，为精益化管理指明方向。

6. 用"投入产出模式"的优势

（1）为管理团队提供了便捷高效的目标管控模式，消除了高层在制定目标时的困惑。
（2）能够平衡并分解经营指标，便于指导公司各部门按照统一明确的目标采取行动。
（3）能够通过产品对应的物料定额、人工标准、计划产销量，统计核算出变动成本。
（4）对指标的执行状况，能够做到全面及时管制，使数据一目了然，便于上级决策。
（5）能够充分暴露指标未达标的问题所在，因果对照，责任分明，利于改善与提升。
（6）运行系统只需录入基础数据和少量的信息，省人省时，利于高效，利于保密。

7. 依托"投入产出模式"企业可以实现的方面

（1）明确产品的分类、单位、价格、费用、贡献、贡献率。
（2）按资产状况及行业投资回报率，可合理提出盈利指标。
（3）可以预算出盈利指标所对应的各项固定费用指标。
（4）可以预算出利润贡献和费用贡献所需的销售指标。
（5）可以预算出计划销售指标所需要完成的分销指标。
（6）可以全面平衡得出以上4类指标相互需求与缺口。
（7）可以掌握产销产品的工料费和生产流动资金占用。
（8）可以掌握实际运行中各类指标执行结果统计数据。
（9）可以掌握实际运行中的销售产品排名和渠道排名。
（10）可以掌握实际运行中现金流所处的安全水平线。

8. 依托"投入产出模式"高管可以实现的方面

（1）可以与老板建立充分有效的沟通平台。
（2）可以合理有效地建立各项经营指标。
（3）可以有效地组织指导各部门开展工作。
（4）可以掌控各部门各项指标的实施效果。
（5）可以分析看清影响各项指标达标原因。
（6）可以依据原因分清主要责任归属部门。

（7）可以针对各部门的问题采取有效措施。
（8）可以机动灵活地调整各部门现行措施。
（9）可以结合各部门的问题积极组织改善。
（10）可以支持下一个年度各项指标的制定。

9. "投入产出模式"中 8 个给力点

（1）能提供指标编制可视平台总揽全局。
（2）能提供指标统计可视平台分析快捷。
（3）能用代表款减少计划编制的工作量。
（4）能提供比例分配指标确保总量平衡。
（5）能提供定额+实际差异法简化核算。
（6）能提供规则按月核定确保流动资金。
（7）能提供累计应收功能稽核销售业绩。
（8）能提供累计应付功能稽核费用支出。

10. "投入产出模式"与财务软件区别

（1）前者从目标出发管控过程追求实现，后者注重过程推算结果。
（2）前者注重物料定额及计划价，后者通过每批采购价重算现价。
（3）前者按比率定产销指标补偿费用，后者按科目归集分摊费用。
（4）前者依据指标完成直接统计差异，后者制作各种凭证再记账。
（5）前者按照计划完成直接统计核算，后者按会计准则分步核算。
（6）前者先概算、接统计、到期决算，后者则先算细账再算总账

3.14 如何用好 ERP

ERP 是从西方引入中国的管理信息系统，也是制造型企业主业务流程的成熟管理模式。它从最初的 MRP 物料需求计划开始，经过 MRP II，最后扩大到 ERP。从仅管物料，到管产品、工艺、设备、生产、采购、销售、财务、人力资源，甚至到协同办公，范围逐步扩大，涵盖了企业运营管理的全领域。

"不上 ERP 等死"的道理显而易见，从全球逐步进入信息化时代起，各行各业开始运用先进的信息化管理系统。如果一个企业因循守旧，肯定只能走向衰落。

而"上 ERP 找死"有如下内涵。

（1）若企业高层在认识上还存在分歧，势必导致"找死"。因为上 ERP 会改变传统的管理方式，即调整现有分工流程，并且要求相关人员更新知识技能；另外 ERP 本身也会存

在与企业实际状况不符之处，凡是要上 ERP 的企业都会遇到这些问题。

（2）若企业高层还无力驾驭 ERP，肯定是在"找死"。ERP 是将科学管理流程及规则植入系统后所形成的自动化管理工具，上 ERP 等于在用软件系统实现对企业的通盘管理，一旦系统启动，就会按照内置程序运行，不可能再按人的主观意识随意改变。

（3）如果企业高层缺乏管控系统的能力，就不可能用好 ERP。在这种情况下整个 ERP 系统就变成了一架无人驾驶的飞机，企业运营管理就会很快出现"真空"，处在人为管控已停与 ERP 管控失控的两者之间。在这种情况下企业运营随时都有可能发生脱轨现象，而人为管控系统又无法及时判明情况并能有效地采取对策，因此必然会使企业落入困境。

（4）若 ERP 不符合企业的业务运行规则，注定是在"找死"。任何企业都有自身的业务运行规则，它们由产品结构、材料构成、设备功能、工艺流程、营销方式等各个方面工作流程所决定。如果所选用的 ERP 与企业现实部分的业务流程不合拍，就会脱节或相悖。企业上 ERP 要按行业选型，并且必须能满足个性化需求。

（5）若企业管理基础很薄弱，等于主动"找死"。正如地基坚固程度决定建楼高度，上 ERP 也同样需要企业具有一定的管理基础。如果坚持要上 ERP，则必须按管理专家的指导打基础，一步一个脚印地循序渐进，包括建立各种业务流程、各种期量标准和运营管理所必须的各项规章制度。

（6）若企业缺乏必要的人才，迟早会面临"找死"。ERP 是现代化的计算机管理软件系统，其运行需要的是计算机技术，逻辑规则是专业性管理流程。因此需要配备各种专业的管理人才，这些人要通晓本专业的软件操作规则。

（7）ERP 是西方企业管理发展到成熟阶段的产物。现阶段我国大多数企业要运用 ERP 系统还存在一些困难，主要有两方面考虑，一方面由于现阶段我国大多数企业的管理还很落后，上 ERP 存在这样或那样的困难；另一方面从企业管理发展趋势来看，必须要把管理水平尽快提升到能够上 ERP 的高度，这才是唯一正确的选择。

主要原因：

（1）中国企业必须上 ERP，否则就等于在宣布不走现代化管理之路。如果一个企业还上不了 ERP，恰恰暴露出管理水平落后，需要从基础管理入手逐步形成上 ERP 的条件。

（2）抓基础管理不能回避问题，不能敷衍了事，而是要积极稳妥地进行。

（3）我国的管理软件开发单位要结合国情为企业打造适合其基础水平的管理系统，以便让企业依托系统能够较顺利地跨入科学管理的轨道，之后再循序渐进不断实现优化。

（4）这些管理软件要能够不断升级，以帮助企业尽快从粗放型管理转入精益型管理，追上西方先进国家的管理水平，最终实现与世界先进管理系统的并轨。

3.15 对管理的感悟

笔者对管理的感悟如下。

（1）实体经济是人类社会赖以生存与发展的基础，民企已经成为中国社会经济基础的重要组成部分。

（2）企业管理目的是通过组织、指挥、协调、控制 4 项职能，将供产销与人财物运行起来创造经济效益。

（3）企业管理与产品、市场、设备、技术、人才、土地、原料、资金等方面相比，已成为最短的一块板。

（4）管理是由部门及岗位通过员工的各项业务活动，将市场与客户需求和企业投入产出链接起来的活动。

（5）管理是由各项业务活动及专业人才通过开展有效的互动，推动企业各项战略目标的贯彻实现的过程。

（6）管理通过各类人才运用各种管理技术手段，开展日常的管理活动，以确保各项经营的目标能够实现。

（7）现代化管理是通过计算机信息技术构建各大管理信息系统，高效快捷地实现各项管理的功能。

（8）西方的先进管理建立在几百年工业化历程、管理思想与方法创建、管理实践与制度建设的基础上。

（9）ERP 是从 MRP 至 MRPⅡ逐步发展过来的，是建立在大工业生产、科学流程、精益运营的基础上。

（10）企业高层必须补上科学管理、管理工程、组织行为学、系统工程、信息技术 5 个方面的科学知识。

（11）管理是通道，成果是目的，信息化是方法，软件是工具，起决定作用的是商业、运营、管理 3 大模式。

（12）当今世界竞争无处不在，市场为先，客户为上，科技为纲，人才为本，管理为要，看谁做得更好。

（13）要反常规绝不反规律，知识积累效应，学习曲线效应，快鱼吃慢鱼，速度决定最终谁能成为赢家。

（14）民企要想基业长青必须与时俱进，建立团队型、激励型、竞争型、学习型、民主型、共享型组织。

（15）学习→实践→总结→提高→创新→超越→卓越→循环，将自然规律、社会规律、经济规律学懂用好。

（16）信守社会根本规律，遵守社会基本规律，用好社会竞争规律，民企一定兴旺。

3.16 计件制如何落地

以下是笔者在某家具厂推行计件工资项目相关的感悟。

1. 员工决定效率但首先得公平

员工的工作态度、责任心、积极性、熟练程度，决定着效率、质量、产量，这都与员工个人劳动所得正相关，即满足员工合理的利益。人人都想得到更高的收入，同时希望实现公平，员工利益保障的前提是权力面前公平，至少要使大家感觉到公平。

2. 抓住员工心理

要想多得就得多干，要想多干就得会干、干好才算数，这些都符合员工的心理认知。

3. 要有明确标准

干什么？干多少？干1件活得多少钱？一共可赚多少钱？必须让员工每人都能明明白白清清楚楚。于是，确定任务量的报酬标准就显得非常重要了，定标准对事不对人，消除因人定标准的随意性，切断个人专权空间，包括产品、部件、工序、单价等，能够每天公布每个员工完成具体任务的合格数、不合格数、单价、可得计件工资。

4. 要大力宣传计件好处

员工会为了切身利益主动、积极、认真、负责地完成自己的生产任务，其技能水平、合格率、效率都会逐步明显提升。这样下去，员工流失率会下降，外来员工会增多，总产量会增加，企业的产能目标一定会达到，因此，管理层必须不断加强推行计件制的好处。

5. 计件的具体工作

（1）分解产品结构，即按生产顺序，规范出每种产品的所有结构件明细表。零部件分为3种形态，一是在生产源头（下料）投入的原材料；二是生产过程中传递的由这些原材料所形成零部件（在产品）；三是与其配套的各种外购件（如五金、油漆、包材、玻璃等）。

（2）需要按照产品设计结构编制出从源头（原材料）开始生产的半成品或成品的所有产品生产工艺，即工艺路线。

（3）产品生产工艺包括所有需要加工的零部件（结构件）、工序，在许多企业里确定拆分产品结构及其需要加工的工序，已成为推行计件制的重难点工作。

（4）工序包括加工对象（合理拆分的结构件，从分散到组合）、设备或手工工种（车间→班组→设备/手工）、岗位（该设备上具体设置的岗位）、岗位标准（技能及待遇）、工序加工所需用到的刀具及工具、外购物料（该工序需要投入）。

（5）工时定额指在工序直接生产过程中所需要的工时（分钟），或在规定时间内应生产的件数（定额），一般以本工序加工1个工件所需工时来表示。

（6）还要确定每个班组工作时间长度、工时利用率、转换工序工时，在这几个条件下，可得出具体产品批量的班产指标。

（7）由于是手工+机动，所以员工的熟练程度就成为决定产量定额标准的关键要素，可找中上等技能水平工人测定，需要时间和配合，非常关键。

（8）具体可采取以下公式，得到工序工时的标准定额。

- 基本公式：工序单价=工时单价×工序工时×岗位系数。
- 变形公式：工序工时=工序单价÷（工时单价×岗位系数）。

基本公式表明工序工价是3项元素的乘积，是被派生的结果；而变形公式则表明若能先有其他3项元素，工时即可推出后再校正。

（注：如某道工序需用某类型设备，该设备有N个岗位，岗位系数=Σ（岗位系数））。

（9）结合实际，用两个公式合理确定工序单价。

- 工时单价：可选择某一岗位（大家熟悉的）按技术熟练水平，确定本岗位员工月目标工资，作为系数为1的岗位。例如，选出某台设备的机加工岗位确定月收入水平为4 000元、月工作天数为N、日工作时数为B，即可计算1小时及1分钟的标准工资，可作为企业一线员工的标准工时单价。
- 岗位系数：对所有生产班组的设备/手工岗位进行定岗定编，按岗位性质及行业同岗月目标收入水平，确定岗位目标工资，再以各岗位的目标工资÷4 000元=本岗位系数。
- 工序单价：如果尚无产品结构及工序工时标准，可以采取首先划分出有实际来源的工序单价。以此为基础通过变形公式推出工序工时，并组织一线管理人员进行实地校对做出合理调整。最后将合理的工序工时带回到基本公式，求得正确的工序单价。

由于企业的产品定价水平高低有别，因此所分给一线员工的工资额度会与最后求得的工序单价总额存在一定的偏离，导致最终产品系列的总累加人工费标准相比与实际来源的工序单价出现升高或下降，对此企业高层应客观地接受，再调整非一线人员应分配的金额。

（10）过去大多家具厂确定产品工序单价的步骤如下。

- 确定产品总工价的金额，具体按员工工资占产品出厂价的比例计算。
- 确定行政与车间的金额，具体再按两者各占的比例计算。
- 确定白身车间与涂装车间的工资金额，具体再按两者各占的比例计算。
- 确定员工的工资金额，具体再按一线员工与管理人员各占的比例计算。
- 确定车间内各班组之间的工资金额，需协商确定，不应是固定比例。
- 确定产品各部件的工资金额，需协商确定，不应是固定比例。
- 确定各部件的各工序单价，需协商确定，不应是固定比例。

（注：以上共7步，后步是在前步确定本步工资金额后再做分解。）

详见下表。

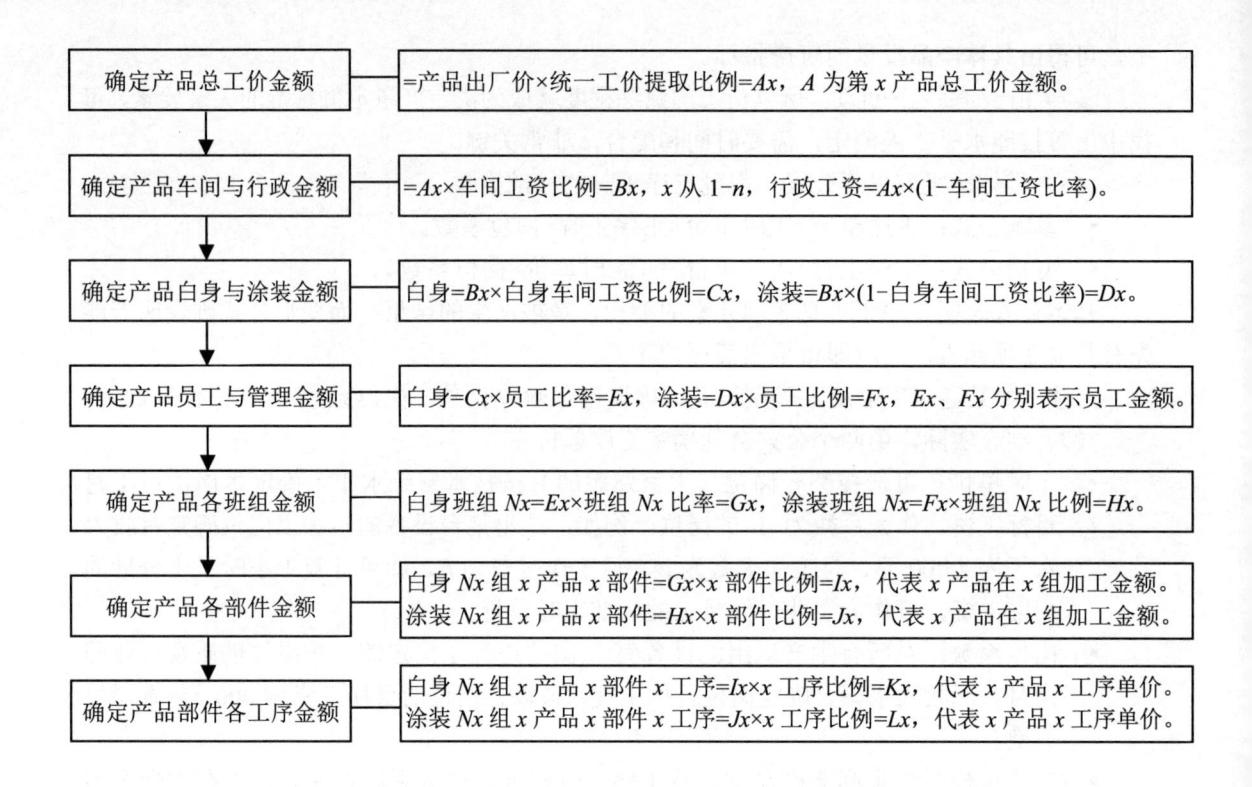

确定产品总工价金额	=产品出厂价×统一工价提取比例=Ax，A 为第 x 产品总工价金额。
确定产品车间与行政金额	=Ax×车间工资比例=Bx，x 从 1-n，行政工资=Ax×(1-车间工资比率)。
确定产品白身与涂装金额	白身=Bx×白身车间工资比例=Cx，涂装=Bx×(1-白身车间工资比率)=Dx。
确定产品员工与管理金额	白身=Cx×员工比率=Ex，涂装=Dx×员工比例=Fx，Ex、Fx 分别表示员工金额。
确定产品各班组金额	白身班组 Nx=Ex×班组 Nx 比率=Gx，涂装班组 Nx=Fx×班组 Nx 比例=Hx。
确定产品各部件金额	白身 Nx 组 x 产品 x 部件=Gx×x 部件比例=Ix，代表 x 产品在 x 组加工金额。 涂装 Nx 组 x 产品 x 部件=Hx×x 部件比例=Jx，代表 x 产品在 x 组加工金额。
确定产品部件各工序金额	白身 Nx 组 x 产品 x 部件 x 工序=Ix×x 工序比例=Kx，代表 x 产品 x 工序单价。 涂装 Nx 组 x 产品 x 部件 x 工序=Jx×x 工序比例=Lx，代表 x 产品 x 工序单价。

注：Ax 指第 x 种产品的工价总金额；Bx 指其中的车间工价总金额；Cx 指其中的白身车间工价总金额，Dx 指其中的涂装车间工价总金额；Ex、Fx 分别指两个车间内部员工工价总金额；Gx、Hx 分别指两个车间内部各班组工价总金额；Ix、Jx 分别指其中的第 x 部件在两个车间内部各班组工价总金额；Kx、Lx 分别指其中的第 x 部件在两个车间内部各班组的各工序工价总金额即工序单价。

（11）调整并最终确定合理的工序单价

通过以上步骤确定的产品在各道工序的现实工价（工序单价），遵循了企业计算一线员工工资的一般规则（相对产品出厂价占一定比例），在这里增加了确定行政与一线、车间班组、产品部件以及工序之间的分配比例，目的是要能够推算出现实工序单价以示公开。

很明显，现实工序单价会受到几个方面不合理因素的影响，造成现实工序单价与合理标准之间一定会存在误差，这就会直接影响到推行计件工资制本身的公平性，关系到能否真正调动起员工的积极性，这一点至关重要。

这些影响因素如下。

- 产品出厂价与产品工作量不具有稳定合理的匹配关系，会导致第 1 类"苦乐不均"。
- 不同产品因结构、材料、工艺不同，在不同车间、班组之间的工作量不存在稳定合理的匹配关系，导致第 2 类"苦乐不均"。
- 同理，在各班组不同工序之间的工作量也不存在稳定合理的匹配关系，导致第 3 类"苦乐不均"。

而科学有效解决这一问题只能采用前面提到的两个公式。

首先可以求得所有产品的现实工序单价,在基本公式中4个要素仅剩工序工时为未知数,我们通过变形公式可以顺利求得工序工时(推导出)。于是为企业高层提供了一套完整的现有工序单价对应的工序工时,即工序工时=工序单价÷(工时单价×岗位系数)。

当有了现实的工序工时后,就可以通过统一认识并调整为不存在争议的合理工时,这就真正解决了工序生产工时缺失这一关键障碍。因为岗位复杂系数已体现在岗位技能对劳动报酬的差别上,使工序工时成为纯粹时长问题,只要大家都能出以公心,由班组长提出自己认定时长,填表签名各负其责,就可以最高效地确定所有产品工序工时的长度。

(12) 现实中的困难及应采取的过渡措施。

- 成立专门部门由专业人员来决定,即定班组设备、设备定岗、工作时长、目标工资、工时单价、岗位系数、产品结构、班组工序、工序单价。
- 做到实事求是,即真有这个部件、真有这道工序、工价基本靠谱。先放下"相同部件、相同工序"工价不统一问题,以现有工价金额的来源确定工序单价。并且对明显不合理的进行微调,抓紧实施计件制。
- 工厂、车间、班组管理要以大局为重,开拓进取。饭要一口一口吃,路要一步一步走。标准要逐步达到完善,工序单价在公布后的 3 个月内不做调整,而是积累数据依据。当可做调整时,对高调低的工序单价要求员工不能闹情绪,因为工序单价是以"月工作日数""日小时数""工时有效率""岗位目标工资""工序工时"这 5 个条件来确定的,还要以"平均先进劳产率数据"为前提。

(13) 要抓紧成立工艺定额组。

成立工艺定额组来承担产品结构、设备工序、岗位系数、工序工时、工序单价的基础定额建立工作,可以采用各种合理有效的方法,尽快确定工序单价以推行计件制。

对每种产品的所有工序,由工艺定额组提出方案、车间班组长确认、车间经理审核。确认后要考察定额标准的修改次数及程度,以此作为考核管理人员责任心及水平的依据。

(14) 制定工序单价定额推进计划表。

由主管领导负责,召集工艺定额组成员及车间经理商定各款产品的工序工价制订方案及进度表,将任务分解到每个人跟踪到底。

6. 推行计件见成效

工厂 3 级管理与项目组经过半年多的共同努力,在第 4 个月就已经开始实施工序计件,使两大车间全员劳产率提升 40%~50%初见成效。

这个案例又一次证明了细节决定成败的道理,同样是确定工序工时,成立 IE 部门开展测时是通常办法,我们采取了按工厂已有数据推出工序工时,通过发动班组长直接观察修改,更符合人们的认识习惯和接受意愿。同时,要从实际出发"先解决有无、后解决好坏"。

3.17 有关改善案例

1. 北京汽车制造厂总装厂

对比	质量	停工	换线	超耗	综合
改善前	在装配中，零部件出现错、漏、松、反，而且车身表面刮伤、磕碰非常普遍，接近100%	改善前一个月因供零部件的混乱，导致停线累计1 111分钟，占产能4.6%，造成班班亏产	以往每次换车型都要推线、铺线，0产出为4小时。按月8次计，产能流失8%	改善前月均零件超领金额为30 000元	每月产能损失约在30%左右，其中有15%是因为工人早班迟到导致前1小时生产因缺员无法正常开线所造成
改善后	一次装配不合格率降到5%以下，整车检验出现"白本"下线成车超过10%，创北汽纪录	供件做到按班送到车位，准确率达到99%以上，全月因等零件停线共10分钟，下降99%	生产线在换车型时可连续生产，杜绝了8%的产能流失	月均零件超领控制在8 000元左右，下降了73%	人均劳产率提升了15%，发动机分装线提升了100%，超定额的经济损失减少了95%以上，班班保证完成计划
改善方法	开发"总装混流生产工位按班发料计划系统"，推行"五保两挂"分配机制，充分调动起工人的积极性。五保指保计划、保质量、保定额、保安全、保文明生产，两挂指挂岗位工资、挂奖金					

2. 春源集团服装厂

对比	质量	产量	士气	配合	真情
改善前	某单出口夹克已生产4 000件，其中次品2 000件，已无法返工，成品不合格率50%	订单还欠23 000件，按之前日均250件，要做92天，离出货只剩19天，面临退单和索赔威胁	连续变换分工成效甚微，生产部长辞职，从工段长到员工士气低落，都认为订单不可能按期出货	3个做鞋的工段员工分在7个做服装的工段中，每天到点下班，干坐着就是不出活	白天低效，晚上耗时，夜宵吃剩饭，员工怨声载道，生产气氛一天不如一天
改善后	重点工序质量不合格状况立即得到遏制，日成品合格率接近100%	8月14日，首日入库470件，9月1日达到顶峰入库为1 437件，9月2日25 000件全数出货，提前73天	19天完成23 000件，日均1 210件，是改善前的4.84倍，增产384%，超过了翻两番，士气高涨	全员热情高涨，高手、熟手、生手主动配合，生产形势急转直上，越干越好，越干越快，越干越多	喝上新粥，吃上鸡蛋，实行计件，按周发薪，言而有信，员工感动，将心比心，干劲倍增，结果双赢
改善方法	对工段管理者讲明形势任务，倒排计划；对员工宣传鼓动，通过广播放激情歌曲，每2小时就实名表扬一批干得好的员工；实行周计件工资制（已欠薪数月）；对支援工友分配简单工序；改善夜宵，高管两次个人掏钱买鸡蛋发员工；这些举措迅速调动全厂每个人的生产积极性					

3. 某家具厂老厂

对比	产量	人工	收入	质量	综合
改善前	野餐桌每月接单40个柜，只能完成10个柜，完成率为25%，已3个月未完成订单	按计时工资，效率低下，每套人工费合计36元，企业面临索赔与亏损的双重压力	员工每月拿固定工资，劳产率和个人收入双低	工序成批质量问题不断发生，严重制约了组装、包装及入库	低效率、低质量、低产量，高消耗、高成本、高亏损
改善前	从日产250套增至1 100套，增幅340%，仅用17天就比上个月产量翻了两番	17天推行计件，完成之前月均4倍的产量，每套人工费降至6元，下降了83%	17天推行计件，人均收入比之前全月提高40%以上	工序加工质量问题迅速下降，成品组装、包装、入库套数逐日递增	17天完成当月交货41个柜，若按30天算（含加班），产量可相对于上一个月翻了接近3番，增幅约700%
改善方法	说服管理层和台湾省来的专家，推行班组作业计划和计件制，充分调动起工人的积极性，迅速查明质量问题所在工序和原因，规定关键工序操作方法，立即遏制住工序的不良品，鼓励员工开展劳动竞赛					

4. 某家具厂新厂

序号	工厂	快速显著提升劳产率，实现降本增效
1	外销家具工厂（其中一车间）	2013年上半年推进"生产效率提升专项"，项目组仅用6个月推行"计划计件管理模式"及配套上定制软件，成功地将人均劳产率提升30%以上
2	内销家具工厂（新厂）	2014年全年推进"生产效率提升专项"，项目组共用12个月推行"计划计件管理模式"及配套上系统（用Excel），成功地将人均劳产率提升30%以上
		2015年继续推进"生产效率提升专项"，使人均劳产率再提升62%，使总产能提升33%，综合提升90%以上。与上一年可比总费用下降了1 260~1 700万元，下降率为49%~66%，这一升一降使经济效益提升2 000余万元。一线员工人均计件工资提升50%，从2 800元提升到4 200元，使企业与员工获得了双赢

第 4 部分

◇展望未来期待共赢

4.1 中国 2025

1. 4 项基础内容

（1）实现企业内部物流智能化管理，即纵向垂直管理智能化。

（2）实现产业内企业间物流智能化管理，即横向管理智能化。

（3）实现从 CAD-CAM（Computer Aided Manufacturing，计算机辅助制造）、CAD-CAPP（Computer Aided Process Planning，计算机辅助工艺过程设计）到 CAD-PDM（Product Data Managemen，产品数据管理），即设计制造智能化。

（4）实现与以上相适应的企业至产业的组织人事管理智能化。

2. 天赐发展良机

（1）用"中小企业运营管理系统"和"现场精益管理系统"实现企业内部管理的智能化，可深入到生产工序全要素的计划智能化管理并与 MES 实施数据同步共享。

（2）以运营管理、精益管理 2 个系统为双轨，以异常管理、绩效考核、组织管理 3 个系统为保障，就可建成企业工匠式管理体系，必能护佑企业实现跨越式发展。

（3）为传统制造业骨干企业搭建供应链平台，先实现企业自身独立的横向物流管理智能化各项功能，同时可创立扩展事业契机，择机扩展成行业供应链共享平台。

4.2 智能制造中管理逻辑

笔者用 4 个工程技术软件+4 个管理软件的数据流，描述智能制造中的管理逻辑。见下图。

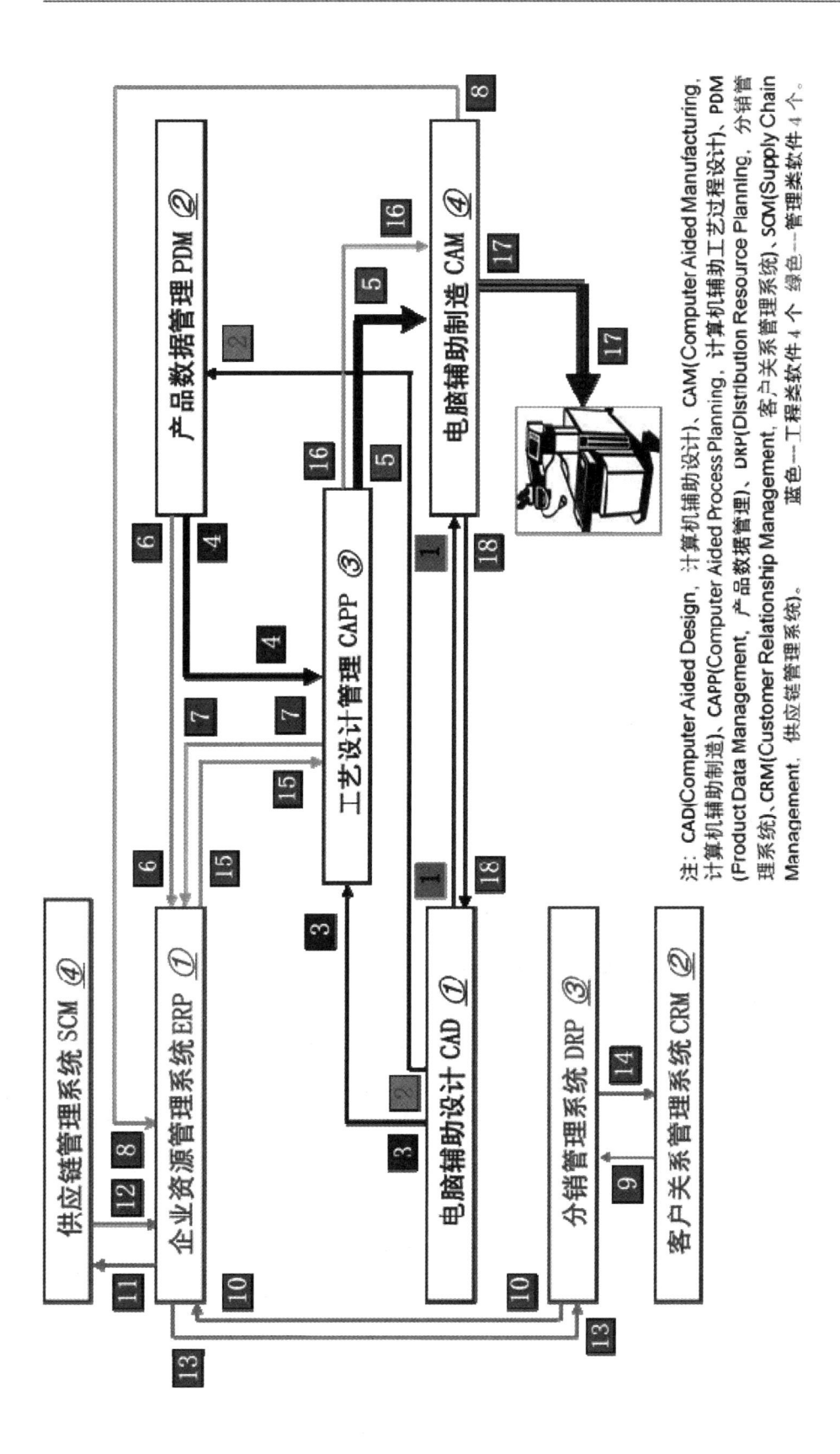

第 4 部分　展望未来期待共赢 | 147

注：CAD(Computer Aided Design，计算机辅助设计)、CAM(Computer Aided Manufacturing，计算机辅助制造)、CAPP(Computer Aided Process Planning，计算机辅助工艺过程设计)、PDM(Product Data Management，产品数据管理)、DRP(Distribution Resource Planning，分销管理系统)、CRM(Customer Relationship Management，客户关系管理系统)、SCM(Supply Chain Management，供应链管理系统)。蓝色——工程类软件 4 个　绿色——管理类软件 4 个。

4.3 民企一定要共赢

1. 关联共赢

（1）最终用户。
科技+管理能推动企业全面提升产值产能，直接惠及广大用户。
（2）供应厂家。
企业进步直接带动本行业的供应商前行，形成良性的连锁反应，将互利互惠。
（3）竞争伙伴。
通过管理进步，同业企业的竞争会更为有序、更为公平、更为良性。

2. 竞争互利

（1）公平竞争。
科学管理本身就要求遵循规律，利于维护市场公平法则。
（2）提高效益。
公平竞争会不断提高企业经济效益，同时增进社会效益。
（3）利人利己。
市场经济公平竞争机制，必然趋向利人利己的双赢结果。

3. 坦诚分享

（1）科技无界。
科学技术是人类共同财富，科学管理将会造福所有企业。
（2）踊跃共进。
广大民企必将推进自身的科技管理，形成管理进步大潮。
（3）取长补短。
在推进企业管理进步中，企业之间会相互学习互相借鉴，取长补短，合作共赢。

4. 造福人类

（1）满足客户。
生产是为了消费，满足最终用户的需求是企业的出发点和最终的归宿。
（2）共同福祉。
社会经济发展的规律揭示了人们正确行为的源动力即创造共赢。

（3）终将共赢。
遵循根本规律运用竞争规律，企业将推进实现全面小康。

4.4 展望民企前景

1. 管理奠基

（1）民企基石。
科学管理是大工业及后工业时代企业建设的基石。
（2）补齐短板。
中国民企的最短板必须通过科学管理来实现。
（3）赶上时代。
向民企楷模学习，广大民企在管理上取得重大突破，且异彩纷呈，百花齐放。
（4）博采众长。
摒弃狭隘之见，以博大的胸怀、博采众长，自成一家，形成民企各自灵活适用的管理技能，为我所用。

2. 助力精进

（1）ZL 模式。
目标→理念→系统→逻辑→工具，构成民企管理新模式。
（2）激活经络。
企业犹如人具有经络，ZL 管理模式犹如中医的针灸术。
（3）创新精益。
丰田精益堪称典范，信息化为我们发扬光大赋予了新能。
（4）系统提效。
信息化可实现全要素有序运行，节能增效。
（5）尊重人性。
人是生产中最活跃的因素，人的潜能只有通过激励和机制才能发挥出巨大的潜力，企业管理尊重人性十分重要。
（6）潜力无穷
信息化能支撑企业全系统、全要素、全过程不断优化，持续进步空间无限。

3. 前程似锦

（1）新生产力。
人类科技发展使企业创造价值的要素不断改进迭代创新。

（2）后发优势。

按人类学习曲线规律后发优势显著，生产力会同步提升。

（3）继往开来。

当代管理者处于人类科技生产力历史拐点，可大有作为。

（4）神圣使命。

用 ZL 模式助推广大民企快速增效是我们最紧迫的任务。

（5）积极参与。

优秀的企业家和年轻管理者一定要审时度势把握住机遇。

（6）丰富发展。

ZL 模式也只是沧海之一粟，意在引出群星荟萃百花开放。

（7）不断创新。

中国改革 40 年逐步走向市场经济，管理创新前途广阔。

（8）走向光明。

人类发展历经沧桑，依靠科技一定走向幸福美好的未来。

在当代社会进程中，中国民企实现全面进步恰逢最好时机。国家大政方针继续推进改革，民企要顺势而为快速转型。前车之鉴和后发优势对广大民企极为有利，关键是要快。

闯过市场关，再过管理关和共赢关，民企定可展翅翱翔。

4.5 寻找合作伙伴

4.5.1 笔者团队

（1）管理的行家里手。

笔者在北汽有 22 年计划、生产、物控、IT 方面的丰富实践经验，以及后来在广东潮汕、深圳两地 23 年民企运营管理实战与咨询经历，已经完全具备了帮助民企全面建立内部管理体系，并能组织开发软件系统实现有效固化的丰富经验。可以凭借笔者独创的企业精细精益管理模式（ZL 模式），为制造型民企和集团公司提供量身定制的管理解决方案。

更重要的是笔者经过多年管理实践与探索，能够在 ZL 模式指导下组织开发适用于传统制造业企业的精益运营系统和精益生产系统，这将成为广大民企转型升级的有力抓手，加上采用互联网+模式提供服务，能给广大中小企业提供投入少收效显著的最佳服务。

（2）产业链平台开发主持人。

2016—2018 年，笔者公司的开发团队为广州珠光控股集团旗下美的新地公司承接开发了国内首个"纺织服装产业链平台系统"，这是一个在互联网大数据云计算技术背景下开发的服装行业运营服务平台系统，是一次在国内同行业中创新性的开发实践。

该项目开发技术总监是笔者的战略合伙人林涛，他以全面丰富的计算机科学技术专业知识为基础，加上多年丰富的数据库系统开发实战经验，带领40人开发团队经过近两年的艰辛努力，根据甲方项目需求目标，进行了整个平台系统的需求调研、可行性分析、总体方案设计，亲自规划和主导了平台系统的开发全过程。

面对全新的行业领域及互联网+实现的高新科技环境，他接连不断地攻克了一个又一个新业态表现模式及现实逻辑中的难点，运用信息科技手段终于按总体设计方案完成了一个接一个功能模块的开发，如期交付给客户上线运行。

（3）个性化系统开发主持人。

笔者另一位战略合伙人是郭俊峰技术总监，10年前他就在北京一家大型软件公司作为项目经理，参与并主持了中国外交部的外事房管处信息管理系统开发。还参与并主持了中国水利部水利工程项目管理系统的开发，都得到了甲方代表一致好评。

我们有缘又走到一起开展对潮汕中小企业个性化管理信息系统的定制开发，经郭俊峰主持开发的企业项目已有近10家，涵盖玩具、家具、房地产、包装印刷等行业，他都能如鱼得水灵活高效地实现系统的需求分析、架构设计、数据库设计、详细设计、程序开发。

在近几年的合作中，郭俊峰技术总监对笔者的ZL模式表示高度认同，他首先组织开发团队于2017年～2018年为北京一家民用机械设备企业开发并实施了"现场精益管理系统"，取得全工序计划管理的重大突破，为进一步开发全要素计划奠定基础。

目前，郭俊峰技术总监正在为打造互联网+中小企业的"运营管理系统"进行各项调研、分析和技术准备，将为早日实现这一目标共同努力。

（4）团队的主攻方向

笔者与团队核心成员确立了公司主业发展方向：为传统制造型企业转型升级提供个性化解决方案，以中国工匠式管理模式（ZL模式）为主导定制软件，助力广大民企依托管理系统降本增效实现跨越式发展，跟上5G时代工业智能化发展的历史进程。

围绕生产现场全工序全要素计划管理这一精细化管理核心领域，以5G网络技术为大环境，打造与MES数据共享的精益生产管理系统，实现工序智能化管理。

围绕民企提高资源运行效率快速响应市场需求，使企业能稳定地实现最佳经济效益，打造供产销人财物精益运营管理系统，实现预算执行管控决算评价管理。

围绕组织运行绩效考核范畴，打造组织管理、异常管理、绩效考核管理系统，实现组织优化管理、异常跟踪管控、绩效成果考核，为企业高效运营保驾护航。

开发管理系统的智能仿真功能，一可供各部门培训进行沙盘演练，以提高团队综合管理能力；二可供各部门编制计划及针对出现异常的应对方案设计与论证。

为传统制造业的骨干企业搭建供应链平台，先实现企业独立的横向物流管理智能化功能，同时可谋求企业事业扩展契机，适时发展成为行业供应链服务平台。

4.5.2 期待伯乐

（1）祈盼伯乐。

"千里马常有，伯乐却不常有"，笔者一直在祈盼能有缘伯乐。

（2）持法以待。

历经近 23 年管理实践，笔者持"法"渴望能遇见"识"者。

（3）法可制胜。

科学方法是增创价值的利器，ZL 模式一定能助力民企振兴。

4.5.3　寻找投资

（1）资本带动。

资本是打造利器的保障，科学管理需要投入资本来推广。

（2）资本助力。

有资本才能组建团队打造新型系统，快速提升民企管理。

（3）资本升级。

有资本才能打造服务平台，筑巢引凤实现供应链智能化。

4.5.4　启动事业

（1）目标明确。

助力中国广大民企快速补上管理短板，与时代步伐共同前行。

（2）打造平台。

打造企业管理的"互联网+学用双向平台"，有利民企的振兴。

（3）学用结合。

为骨干提高管理技能提供学习平台，为企业增效提供管理利器。

（4）内容丰富。

可将管理系统精简至 2 个扩展到 N 个，还可延伸到产业链平台。

（5）经营灵活。

向数以万计的民企数以百万计的骨干提供高性价比的共享服务。

（6）前景广阔。

面向众多企业推广学用结合的管理平台，需求广泛并且可持续。

（7）各方受益。

模式创新、快速开发、专业运营、资本助推、合伙机制共享成果。

4.5.5　联手共赢

（1）抱团取暖。

工业园区企业或同行差异化企业可以一起联手出资开发。

（2）共识众筹。

认同 ZL 模式的行业企业，出资众筹打造物流的两条链。

（3）共同参与。

国内咨询和软件开发团队可与我们联合运营 SaaS 平台。

4.5.6 美好愿景

（1）造福人民。

以科技+管理实现中国民企的现代化，发展经济，造福全国人民。

（2）人类共享。

通过市场运行共享人类文明成果，彻底解放生产力，普惠世界。

（3）开拓未来。

利用信息技术革命带动新兴产业的发展，开拓未来经济新时代。

附录 A

"管理金三角系统"设计方案

该附录是笔者在 2013 年编写的一套"管理金三角"宣传资料，意在向广大民企推介有关"管理金三角系统"的功能及作用。由于编写时间较早，因此与"投入产出—运营管理系统"在功能实现的表述上会存在差异，但总体功能及作用基本一致。

A.1 简介

在笔者创立的企业 20 个管理系统的"山"上，"3+1"部分是"山"的核心，只要抓起这个核心就抓住了企业管理的"纲"。

"3+1"包括"事业平台""经营平台""管理平台"，形成三足鼎立，故称"管理金三角"。之所以冠名"管理"，是因为相对"水"中的"物流金三角"而言，"山上侧重管理，水中侧重物流"。进而在"管理金三角"的中心连接"考核平台"，构成企业的"上层建筑"管理体系。企业必须首先要下大功夫搞好"上层建筑"管理，才更有利于抓好"经济基础"的管理（即"水"中的"物流金三角"）。

注：事业平台即组织业务链，也就是组织管理系统；经营平台即投入产出，也就是运营管理系统；管理平台即 OA 系统，笔者逐渐将这一系统的功能分解到组织管理系统和异常管控系统中去了，当然，独立建立管理平台系统也是有必要的。

A.2 事业平台（组织管理系统）

该平台源于笔者创立的"4个流"与"6条链"管理系统架构中的"组织业务链"，民企的管理是一个系统架构，有其内在脉络。如同地球的空间结构坐标可用经纬线来显示一样，管理的系统脉络也是由其架构及相互联系所形成。纵向"4个流"指"商务流""资金流""物流""信息流"，横向"6条链"指"组织业务链""产品工艺链""系统计划链""物流控制链""资源管理链""投入产出链"。显然，"组织业务链"在整个系统脉络中的地位处于"顶级源头"。因此针对这条链开发了"事业平台"，之前称为"组织业务链系统"或"机制系统"。

"事业平台"的作用主要是为其他3个平台制定"规矩"，即民企在各项主业的事项、流程、规则、要求、方法、标准、方案、制度中，都需源自这里建立；同时它也要接收其他3个平台的信息反馈，不断实行自身优化，使其保持正确性、前瞻性、有效性。

A.2.1 平台功能

1. 平台组成

见下图。

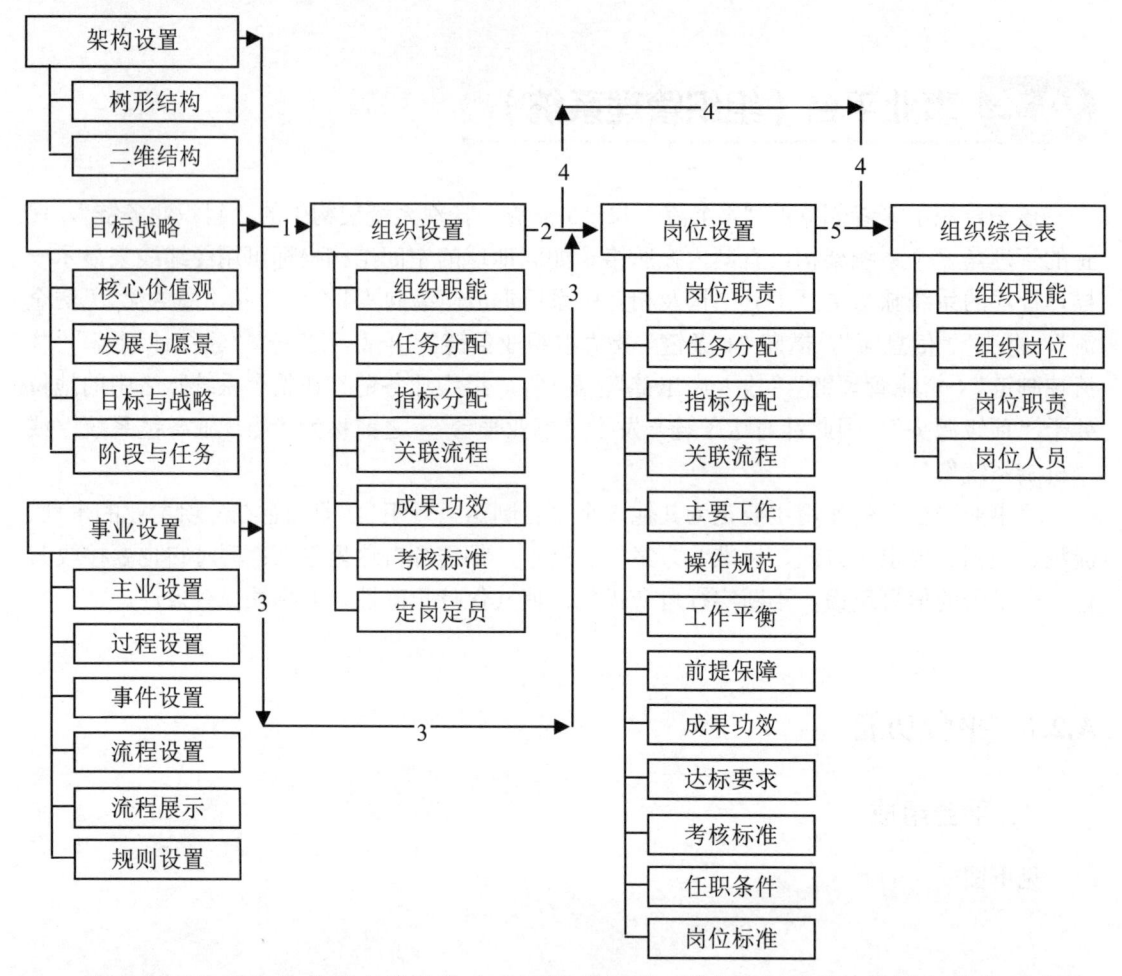

```
┌──────────┐
│ 架构设置 │──┐
└──────────┘  │
  ├─ 树形结构 │
  └─ 二维结构 │
              │
┌──────────┐  │  ┌──────────┐    ┌──────────┐         ┌──────────┐
│ 目标战略 │──┼─1│ 组织设置 │──2─│ 岗位设置 │────4────│ 组织综合表│
└──────────┘  │  └──────────┘    └──────────┘   ─5─   └──────────┘
  ├─核心价值观│    ├─组织职能       ├─岗位职责            ├─组织职能
  ├─发展与愿景│    ├─任务分配       ├─任务分配            ├─组织岗位
  ├─目标与战略│    ├─指标分配   3   ├─指标分配            ├─岗位职责
  └─阶段与任务│    ├─关联流程       ├─关联流程            └─岗位人员
              │    ├─成果功效       ├─主要工作
┌──────────┐  │    ├─考核标准       ├─操作规范
│ 事业设置 │──┘    └─定岗定员       ├─工作平衡
└──────────┘                        ├─前提保障
  ├─主业设置  3                     ├─成果功效
  ├─过程设置      ──────3─────      ├─达标要求
  ├─事件设置                        ├─考核标准
  ├─流程设置                        ├─任职条件
  ├─流程展示                        └─岗位标准
  └─规则设置
```

该平台可协助企业老板有效地构建公司组织架构、制定目标战略、设置主业事项流程、设置组织功能、设置岗位职责,形成完整的组织管理体系。这是企业管理团队贯彻决策者意志、实现组织及业务流程优化、实现企业实际运营目标的强有力保障,也是绩效考核的前置条件。

2. 核心功能

(1) 采用全新的组织架构表现形式,即"树形及二维表",能够为决策者提供高效、便捷的组织结构设置模式工具。

(2) "目标战略"模块为企业核心班子回顾历程、规划愿景、制定目标与战略、划分阶段及任务搭建一个操作平台。

(3) "事业设置"模块为企业高管团队划分主业事项、设置流程、确立规范标准提供了一个讨论记录修改操作平台。

(4) "组织设置"模块为企业高管团队将各阶段任务和指标分配到各部门、确立成果与考核标准提供一个操作平台。

（5）"岗位设置"模块为企业管理团队将任务指标、主要工作及前提、成果与考核标准分配到各岗位提供操作平台。

（6）"组织综合表"模块可将组织设置的成果从组织职能、组织岗位、岗位职责、岗位定员4个方面予以整体展现。

（7）"生态评价"模块可为决策者提供全面自我评价的指标体系，会影响到目标战略及组织的设置。

（8）"环境评价"模块可为决策者提供对比业内竞争对手的指标体系，同样会影响到企业目标战略。

3. 优势

该系统创新了通过软件采用两种形式实现组织架构的设置模式及逻辑，为用户提供了完整、清晰、灵活的可操作平台，可最大程度地满足用户的需求。组织架构、目标战略、事业设置3大相对独立部分能环环相扣地实现，对于民企现阶段发展都具有不可或缺的重要作用，可以帮助企业从上到下把事业、流程、分工、规则全部整理清楚，然后制定目标战略并分解下去，以确保能够有效地实现，尤其是企业在实际运营过程中，如何快速解决遇到的各类问题，提供了依托组织的各项功能确保能够兜底解决的根本条件。

生态评价与环境评价对于民企认清自身生存能力及生存环境非常重要，这是民企设计组织架构和制定目标战略的主观客观条件，两者相辅相成影响企业管理模式。

4. 提升管理水平

组织建设是企业管理的根，依托系统能够更有效地支持其实现。该平台能够完整高效地实现组织设置，增强组织功效，并且为考核提供标准，利于提升绩效考核实效。

A.2.2 互动分享

"事业平台"是"组织业务链"以软件方式实现，同时可理解为是企业的"机制平台"，是用来建立企业运行机制的系统。机制必须有框架来支持建立。企业运行机制的框架首先是组织架构；其次是目标与战略；再次是分阶段的任务及指标；接着是主业流程规范；最后是将任务指标与流程规范分别落实到各级部门及岗位中。这样就形成了企业的组织架构各部分及其相互联系与作用，即形成企业有机的运行机制。

组织功效是企业竞争力的基础，即竞争力的第一要素。民企以往在设置组织架构时，由于缺乏对组织系统的全面理解，加上在设置方法上受限，因此只能停留在表面上。完全没有系统性、关联性、周密性、互动性，更不要说建立目标战略、分段任务指标、事业流程设置、规范达标要求以及切实分配到各部门各岗位，以确定其工作成果功效等一系列相关内容，只有创建"事业平台"才有可能去完善组织建设。

"事业平台"填补了民企的组织建设工作中一项空白,第一次将组织管理学、系统论、逻辑学、行为科学、目标管理、激励机制、信息技术等有机地结合运用起来,为民企实现科学的组织绩效管理开辟出一条新路,其重要性显而易见。

在许多民企中,老板最头痛的莫过于不知道谁该干什么?干得如何?出现问题是谁造成的?应如何解决?结果又如何?以后如何防止?

在出现问题后当需要改变规则时,不知道这一更改是否会引发新的问题产生?不改不行,改也不行。牵一发动全身,经常是不知所措。

所有老板都希望在企业内部,人人有事做、事事有人做、人人做对事、事事都做对,但标准在哪里?如何衡量对错?如何统一对错标准?都是有待解决的问题。

从目标到战略,从任务到指标,从事业到工作,从流程到规范,从要求到考核都需要分配到部门及岗位,责任落实到人,而且能够环环相扣,从而彻底根除不清不楚似是而非的混乱局面,这些正是"事业平台"的作用所在。

"事业平台"可为民企建立一整套"法制规范",依此企业管理者可以完成如下工作。

(1) 设置组织及岗位,以及制定组织职能及岗位职责,并可根据需要合理调整备查。

(2) 规定明确的企业发展方向及战略部署、划分任务的实施阶段及其指标,并且分配给不同部门及岗位。

(3) 规范各项工作及操作,分配给不同部门及岗位。

(4) 制定组织及岗位成果功效、岗位工作前提保障。

(5) 制定部门岗位责权利标准,按业定事、按事定规、按规定位、按位定责、按责定标、按责定职、按责赋权、按职定薪、按绩定奖、按错定罚,责权利配。

所有这一切都是相互联系、互为因果。可以对照、可以分析、可以校准、可以优化。

"事业平台"还明确了如下方面。

(1) 组织架构,各部职能分工。
(2) 岗位设置,岗位职责。
(3) 任务指标,工作范围。
(4) 业务流程,操作标准。
(5) 部门岗位成果功效。
(6) 岗位工作前提。
(7) 定岗定编依据。
(8) 岗位考核标准。

A.3 经营平台(投入产出系统)

该平台源自"4个流"与"6条链"管理系统架构中的"投入产出链"。

企业的天职就是创造效益,而"投入产出链"最能形象地反映出企业这一特性,它与财务管理软件和MRP Ⅱ的不同之处如下。

（1）所表现的信息是所有企业老板最关注的，如全面预算指标。
（2）所选取的数据及使用规则是非常简捷且有效的，抓纲带目。
（3）运算逻辑及结果与企业经营过程及成果完全契合，直观一目了然。

综上，笔者认为对暂时还上不了 ERP 的民企，上该平台是最好的选择。

A.3.1 平台功能

1. 平台组成

见下图。

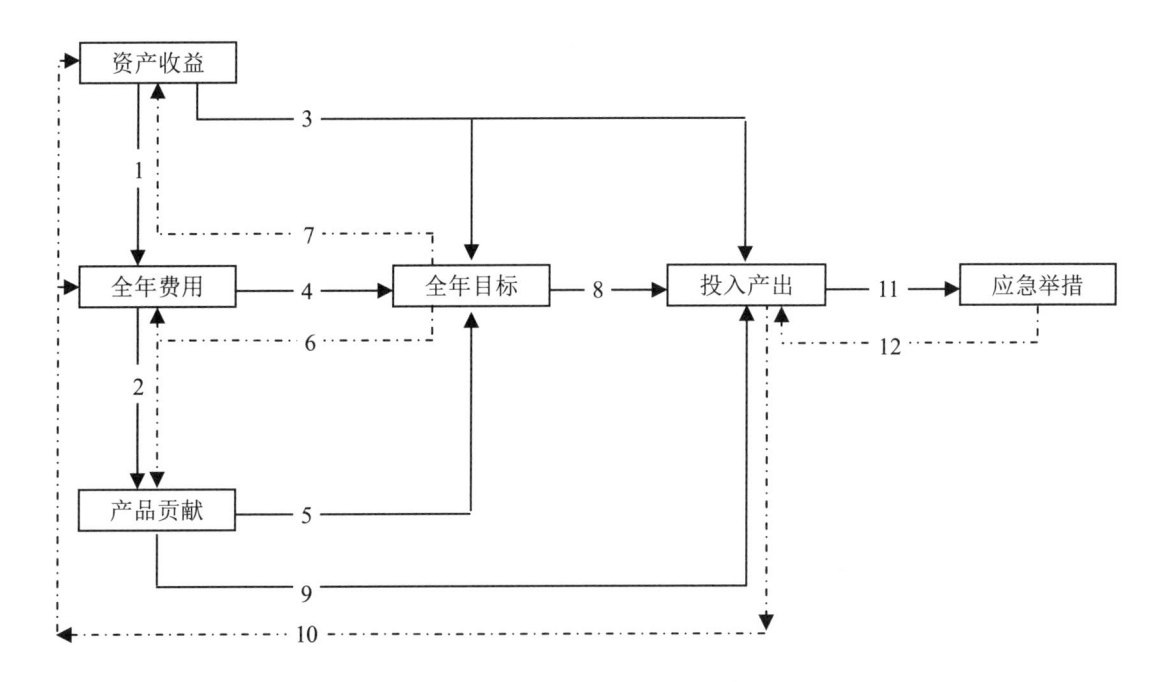

说明如下。

（1）资产收益。

包括：资产评估、预计回报、确立全年利润目标。

（2）固定费用。

包括：租金、折旧、水电、低值易耗、管理费用、销售费用、财务费用。

（3）产品贡献。

包括：产品、单价、材料费、人工费、单位贡献、销量、总贡献、贡献率。

（4）全年目标。

包括：利润目标、费用预算、销售收入、销售贡献率、指标分月、资金配备。

（5）投入产出。

包括：费用统计、销售统计、贡献统计、利润统计、差异分析、指标累计、达成评估、现金流表。

（6）应急举措。

包括：差异管控、失误追责、采取举措、跟进举措、评价效果、失责处置。

"经营平台"处于"管理金三角"左下方，其突出作用在于能够帮助民企快速建立起高效的运营管理系统。

2. 核心功能

管控企业的投入产出全过程，为企业老板经营决策提供数据支撑。

（1）通过对资产与回报率的梳理，能够确立全年的利税目标。

（2）通过对投入产出的梳理，能够确立全年的各项固定费用。

（3）通过对产品变动费用的梳理，能够确立产品的贡献标准。

（4）通过对全年目标的梳理，能够确立全年的各项计划指标。

（5）通过对投入产出的统计，能够对计划完成做出达标分析。

（6）通过对经营异常的监控，能够及时有效地采取应急举措。

3. 优势

（1）与 ERP 有别，紧紧围绕量本利。

（2）确立 4 类指标，预算执行决算。

（3）基础数据精炼，可操作性极强。

（4）指标数据简明，对应销售产出。

（5）依托标准计划，统计超差异常。

（6）过程控制简捷，重点管控偏差。

（7）暴露异常快捷，利于快速应对。

（8）资金收付完整，现金流很清晰。

"经营平台"反映投入产出过程完整，精细化管理贯穿始终；基础定额完整，能促进增强内功；责任明确到位，应急极易聚焦。

A.3.2 互动分享

该平台是笔者及开发团队首创的简易 ERP，它先抽离对生产过程与采购过程的管控，把企业经营过程的全部要素通过投入产出串联起来，以投入资产盈利为目标，以所需费用为前提，以产品单位贡献率及销售额贡献为保障，建立崭新的经营管理平台。

"经营平台"一是以投资回报为第一目标，设定利税所需的销售贡献额；二是以各项固定费用为第二目标，设定保本所需的销售贡献额；三是确定产品单位贡献及销售综合贡献率；四是确定销售收入指标以确保两类贡献额需要（销售贡献额指扣除变动费用的余额）。

该平台围绕如何才能满足两类贡献额来组织开展企业全部经营管理活动，即依据确定的固定费用预算来控制固定成本，依据确定的产品单位材料定额和人工费控制变动成本，依据产品销售贡献率和销量指标控制销售总贡献额。从这三个方面出发可形成企业高层掌控经营绩效的管控点，就能紧紧抓住企业经济命脉，把握住自身生存的脉搏。

中国民企刚刚走过 20 多年发展历程，其中绝大多数企业老板来自农业，这与西方企业家已具有几代人走过的工业化历程存在巨大时差。

因此直接采用西方在成熟工业化和高素质员工条件下的 ERP 系统，一定会给民企造成巨大的人才压力、管理压力、精神压力、经济压力。

"经营平台"取 ERP 的科学内涵，抽离 ERP 的具体过程。这样就能为民企快速进入科学管理找到一条比较适合的通道，使民企的科学管理可以从这里走出僵局闯过难关。

"经营平台"为民企提供了从简捷管理到精益管理的链接通道及实现逻辑，民企可采用笔者独创的管理模式与实现逻辑，为自身选择一条在现阶段可迅速跨入科学量化管理的路径，就能通过科学管理提升效益，这对民企管理提升无疑是重大突破。

当民企通过"经营平台"很快尝到科学管理甜头而产生有进一步细化管理需求时，该平台仍然可支持实现 PDCA 循环，相应增加功能。

"经营平台"具备 ERP 三大财务报表功能。

（1）在投入方面建立资产评估模块，可静态显示资产负债表的全部资产构成。

（2）其核心功能是销售的销售贡献，先满足固定费用再实现利润，形成盈利。

（3）现金流表模块与财务的现金流表中的数据绝大部分相同，可反应资金流。

以上功能恰好说明该平台与 ERP 系统异曲同工，区别就在于一方面增强了预算功能，一方面操作起来比 ERP 更为简化，很容易实现。

A.4 管理平台（运行管理系统）

该平台基于笔者对管理四大基本职能的理解与倚重，即组织、指挥、协调、控制。

企业管理运行，指包括所有部门在岗人员的日常管理工作都能有效地开展，"管理平台"的作用就是反映与管控部门及岗位任职者的工作状态，尤其是在出现异常状况时。

管理系统与业务系统关联密切，但尽量不要直接替代，企业中的各项业务要从部门职能或岗位职责的执行角度纳入管理平台中来，反应对各自履行职责及不到位时的处置。

该平台的重点是组织人事、主业事项、工作计划、发起工作、配合工作、待办工作、文控、会议、决议、费用、外联、重点考勤、异常处置等。

A.4.1 平台功能

1. 平台组成

见下图。

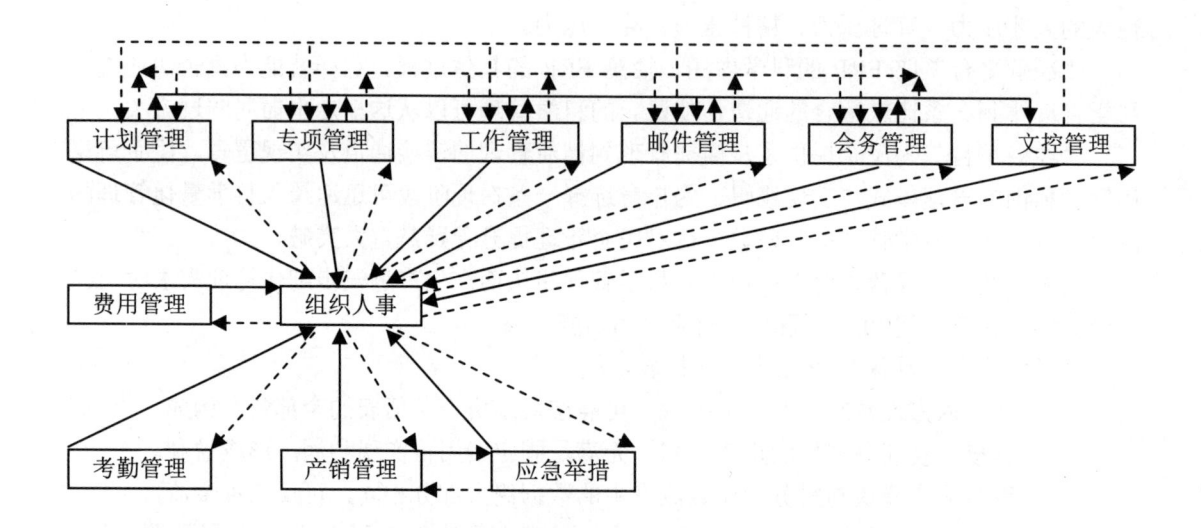

```
计划管理    专项管理    工作管理    邮件管理    会务管理    文控管理

费用管理    组织人事

考勤管理    产销管理    应急举措
```

说明如下。

（1）组织人事。

包括：岗位任职、在职信息、任职记录、人员结构。

（2）计划管理。

包括：计划目录、计划在线、计划结束、统计考评。

（3）专项管理。

包括：专项立项、专项在线、专项结束、统计考评。

（4）工作管理。

包括：工作目录、发起工作、配合工作、工作状态。

（5）邮件管理。

包括：收件管理、发件管理、客户目录。

（6）会务管理。

包括：会议报批、议程管理、纪要管理、会议文档。

（7）文控管理。

包括：工作分类、在线工作、文案归档、查询权限、文档查询。

（8）费用管理。

包括：报销标准、费用计划、办理报销、支出统计、查询权限、信息查询。

（9）考勤管理。

包括：岗位班制、标记管理、考勤记录、异动报批、班制变更、统计报表、查询权限、信息查询。

（10）产销管理。

包括：产品目录、产销指标、产销日报、动态急报。

（11）应急举措。

包括：分级指挥、责任要求、异常事项、采取举措、举措跟踪、效果评价。

"管理平台"即"运行管理系统"，它处在"管理金三角"的右下方，其突出作用表现在可以构建起统一的管理平台，为充分发挥企业管理的四大职能作用，提供办公及信息交互的有效支撑，利于不断提升企业管理功效。

"管理平台"可以辅助企业实现日常管理全过程，它能为企业各级管理人员提供高效的工作配合与信息沟通的各项功能支持。

2. 核心功能

（1）采用鲜明的组织架构表现形式，能够高效地显示各单位及岗位职能及职责分工。

（2）采用计划和专项管理两种方式，利于对各类工作计划及专项任务进行高效管控。

（3）设立发起工作、配合工作两项功能，利于全面增强各项管理职能发挥强化管理。

（4）加强对外联系（邮件）管控，在牢牢把握客户资源同时还可监控员工工作质量。

（5）对会议的有效管理可为发挥管理四大职能作用，提供非常有力的集中统一抓手。

（6）设立工作分类监控各类工作信息（文稿）处置及归档，利于不断夯实管理基础。

（7）建立费用计划严格审批流程，可协助管理层既能把控开支又能集中精力抓大事。

（8）建立灵活高效考勤模式可掌控重点单位及个人出勤情况，评估工作的松紧状况。

（9）建立对供产销宏观监控，可协助管理层快捷掌控数据，以便针对问题采取措施。

3. 优势

（1）采用 OA 形式大力突出体现管理的四大职能，为各项管理功能的落地提供依托。

（2）大胆创新为提高工作效率建立各种管理运行方式，涵盖各部门管理重点及异常。

（3）为企业老板掌控全局提供抓手，为总经理集中精力抓大事提供保障，为员工分享经验提供窗口，为企业沉淀各种资源信息提供了平台。

（4）使运营中的异常易于暴露，使对策能快速出现。

（5）利于暴露问题，利于追溯责任，利于认定对错，利于比较优劣，利于落实考核。

4. 提升管理水平

可使管理四大职能贯穿各项工作始终，使管理功效提高，优劣表现鲜明，使整体管理素质提升，促进民企固本强基，实现 PDCA 循环。

A.4.2　互动分享

企业老板最需要知道内部正在发生的重要事项，员工也需要知道自己工作与他人对接部分的动态是否正常，该平台发起工作和配合工作的功能可体现出从高层到员工各自的关切以及进程，还能实现信息共享、快速反馈、暴露异常、明确责任、及时消除、优劣分明，尤其是教训与成果能让相关者实现快速分享。

"管理平台"在会议管理方面有创新，可将会议时间、会议记录、会议纪要管理统统纳入，成为管理四大职能的有力抓手与依托。

"管理平台"在费用管理方面也有创新，将资金预算引入管控，支持自行设置审批流程，使全局与部门的费用支出金额都能清晰可见，采取支出计划与财务单据结合，既可严把报销关，又能节省审批时间，重预算审批。

"管理平台"灵活的考勤功能能够满足管控与灵活调整的需求。供产销报表显示功能使企业高层对主营业务动态能够一目了然。

"管理平台"提供的各种有效机制，可引导并推动各级管理者消除弊端提升管理水平。

"管理平台"注重管理功效体现在如下方面。

（1）明确的组织架构及岗位职责设置，从源头分清了什么事该谁做、谁该负什么责。

（2）发起工作与配合工作的功能，能为各级管理人员提供其发挥才能的路径和舞台。

（3）信息共享与成果分享可以大大提高管理功效，还能够为知识管理提供信息来源。

（4）从工作分类到文件定稿归档，从过程监管到信息汇总共享，都充分体现规范管理，可为企业不断提升管理水平提供 PDCA 循环。

A.5　考核平台（绩效管理系统）

考核是当今社会人人关心重视的管理范畴，其作用关系到企业各部门及在岗工作任职者绩效优劣，最终会影响到企业发展能否继续保持健康良性循环。

"事业平台"为绩效考核确立了指标、达标标准、考核标准，"经营平台"为绩效考核提供了运营方面的指标完成信息及异常信息，而"管理平台"为绩效考核提供全员工作的动态及异常信息。"考核平台"可以根据这些信息按照各项标准与制度，对相关岗位任职者的工作进行绩效评价后给出奖惩结果。

绩效考核一要有考核对象，二要有考核指标或任务，三要有考核标准，四要有被考核者的异常信息来源，五要有员工考核效益工资占个人总收入比例，六要管理层坚持维护考核规则，七要健全绩效考核制度指导考核，八要及时收集考核工作本身的异常信息进行研究改进，九要完善考核流程及规则，主要体现在对"事业平台""管理平台"和绩效考核制度三个方面的不断完善。

A.5.1 平台功能

1. 平台组成

见下图。

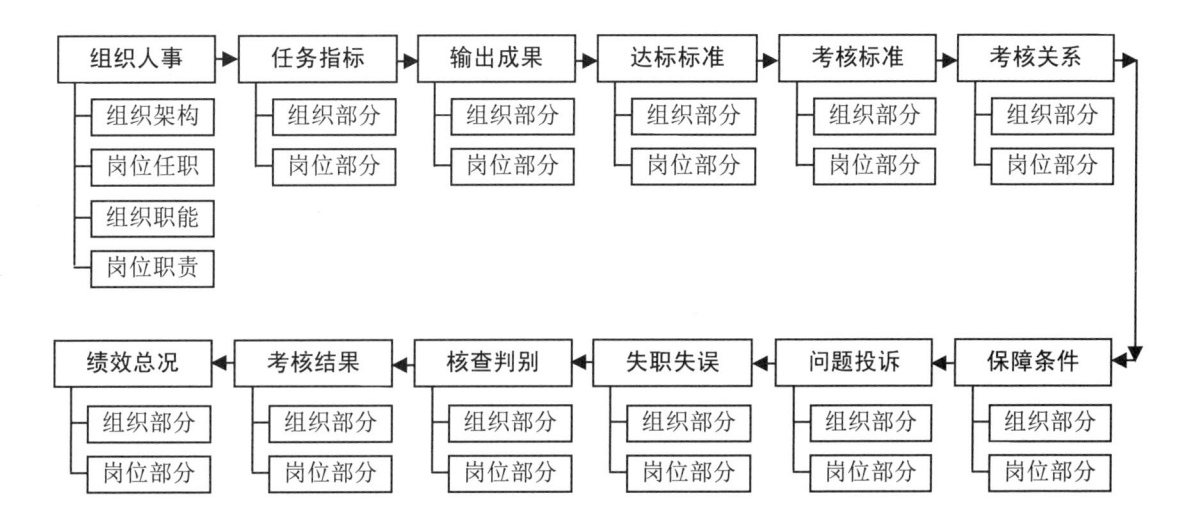

组织人事	任务指标	输出成果	达标标准	考核标准	考核关系
组织架构	组织部分	组织部分	组织部分	组织部分	组织部分
岗位任职	岗位部分	岗位部分	岗位部分	岗位部分	岗位部分
组织职能					
岗位职责					

绩效总况	考核结果	核查判别	失职失误	问题投诉	保障条件
组织部分	组织部分	组织部分	组织部分	组织部分	组织部分
岗位部分	岗位部分	岗位部分	岗位部分	岗位部分	岗位部分

"考核平台"即"绩效考核系统",处于"管理金三角"连接中心位置。其突出作用表现在贯彻"事业平台"的规范,接收"经营平台"特别是"管理平台"的信息,按照绩效考核流程及规则实行考核,保障企业能够健康发展。

2. 核心功能

(1) 贯彻"事业平台"所规定的组织及岗位的任务指标、业务流程规范、输出成果、达标标准、考核标准。

(2) 接收"经营平台"随时传递的各项指标完成数据,包括达标、超标,以及"管理平台"反馈的相关信息。

(3) 在接收"管理平台"随时传递的有关岗位工作违规、失误、追责、被投诉等信息,实现判别记录的功能。

(4) 在接收信息后会及时以规范信息送达给被考核者及对应的考核执行方,提示其要核对、沟通、提出看法。

(5) 在收到反馈意见后,会以规范信息送达给相关各方,使其能及时对照被考核者所反馈的不同看法和意见。

(6) 支持考核与被考核双方做多次沟通交流,在意见不能统一达成情况下由交公司考核委员会做出最终裁定。

（7）按照考核制度规定，"考核平台"准时启动考核流程，按照考核信息的确定截止日期关闭操作，进入考核。

（8）按照设定的达标标准与考核标准自动结算出每项考核指标的得分，构成被考核者所得分数，按人做统计。

（9）按设定经营指标达标程度与本人挂钩规则，算出每个人与公司业绩的挂钩得分，再按权重算出其奖罚分数。

（10）按设定的绩效考核规则将公司上个月经营业绩得分、各单位得分、各岗位得分即各类人员得分做出结论。

3. 优势

"考核平台"以"事业平台"为准绳，以"经营平台"为基础，以"管理平台"为依据，本身又形成了严谨可操作的考核处置流程，使企业的绩效考核得以落实。

"考核平台"是对企业经营管理的总结，能够促进各项工作的改进，鼓励先进、鞭策后进、淘汰落伍者，同时不断完善制度方面缺陷，增强企业进步的内生动力。

A.5.2 互动分享

"考核平台"是企业管理中的重要组成部分，与"管理金三角"的其他平台组成一个整体，增强了其实用价值和可操作性。

"考核平台"是企业管理的保健与加速器，因为它既能彰显生机，又能遏制消极，是企业不断向前迈进的基础性管理机制。

"考核平台"利于广大员工参与到管理中来，主动发挥聪明才智，这对员工素质普遍提升将产生积极影响，利于人才培养。

"考核平台"针对考核对象、考核任务及指标、衡量合格的标准、考核的标准与本人效益挂钩的规则等，能给出公平结论。

管理的目的是为提升企业效益，而提升效益关键就在于必须使每个人的工作与企业整体经营，必须都能够确保正确与高效。

"考核平台"就是对各部门及岗位的工作进行严格监控，针对失误进行考核，并根据考核结论对部门及个人进行奖优罚劣。

考核就是鼓励先进、鞭策后进、摒弃错误、减少失误、暴露漏洞和薄弱环节，进而引导员工开展批评自我批评把工作做好。

科学严格的绩效考核，如同军队铁的纪律，企业高层若能将其认真抓好做到位，就一定能够不断提升企业的整体竞争实力。

考核成功的关键环节如下。

（1）为每个部门及岗位规定明确的责任担当。

（2）为每个部门及岗位规定明确的任务指标。

（3）为每个部门及岗位规定明确的工作规范。

（4）为每个部门及岗位规定明确的达标标准。

（5）为每个部门及岗位规定明确的考核标准。
（6）为每个部门及岗位规定明确的考核主方。
（7）为每个部门及岗位规定明确的考核办法。
（8）为每个部门及岗位规定明确的信息来源。
（9）为每个部门及岗位规定畅通的反馈机制。

后记

◇ 感恩

笔者近 23 年来基本在广东潮汕地区工作，亲身经历着改革开放前沿大潮的深刻洗礼。

笔者要感恩宜华董事局主席刘绍喜先生，在宜华做咨询或任职约 10 年里，笔者一直在从多视角洞悉着改革开放发展轨迹与走势，感悟着中国传统制造型民企蓬勃发展的必然性及内在的特殊性，使笔者能不断完善 ZL 管理模式，以期能够助力广大民企提升管理。

笔者更要感恩宏达董事长陈炯垯先生，他满腔热忱大力支持笔者创办北京奇思奇益管理咨询有限公司，才有了笔者近 10 年来对民企 ZL 管理模式的创建，感谢他的大爱之心。

笔者要感恩北京汽车制造厂、清华大学、北航软件学院：是她们培养笔者成长为一名管理者，懂得了工业生产内在规律与管理方法，懂得了市场经济规律与企业运行机制，懂得了信息系统架构与开发原理，才有了笔者对 45 年来管理经验的总结，笔者将永远铭记各级领导和各位导师的谆谆教诲与殷切期望。

笔者万分感恩所有家人和亲友，特别要感恩笔者的父母大人，是他们的理解与支持才使笔者走过近 23 年管理实践之路，他们为笔者付出得太多太多，笔者衷心希望这本书的出版能够多少弥补一点笔者内心的深深愧疚。

笔者最后要感恩两位帮助笔者完成此书的贵人：汕头大学教授欧阳峰先生，笔者发小和校友丁又锋先生，是他们一直在无私地关心与支持笔者探索民企提升管理之路，在笔者写作过程中给予许多有益指导与帮助，体现出两位先生高尚品行与睿智，最终使本书能够顺利完成。笔者对黄丹萍的协助一并感谢。

2020 年 5 月 21 日星期四 16：23